Thomas Schäffer

Dramaturgie in moderierten Sitzungen

Zum Autor:

Thomas Schäffer, geb. 1957 in Düsseldorf, diplomierter Kulturmanager, Master Business Consulting (MBC), geprüfter Coach und Moderator, Musiker

Wirkte als Künstler und Musikpädagoge; leitete die Managemententwicklung des Unternehmensbereichs Elektronische Medien der Bertelsmann AG; betrieb als geschäftsführender Gesellschafter die Schäffer & Kleist Unternehmensberatung GmbH sowie die x-act Marketing- und Eventberatung GmbH; betreibt seit 2001 als Geschäftsführer der nordmedia – Die Mediengesellschaft Niedersachsen/Bremen mbH standortbezogen kulturwirtschaftliche Förderung von Film-, TV- und Medienprojekten sowie Beratungen und Clustermanagement im Bereich der Digitalen Medienwirtschaft; engagiert sich eigenunternehmerisch im Bereich der Kunst- und Kulturvermittlung mit dem Portal www.culture-matters.de; arbeitet als Berater, Coach und Moderator. Mehr unter: www.thomasschaeffer.de

Schäffer, Thomas
Dramaturgie in moderierten Sitzungen

ISBN: 978-3-86741-773-0
Auflage: 1
Erscheinungsjahr: 2012
Erscheinungsort: Bremen, Deutschland

© Europäischer Hochschulverlag GmbH & Co KG, Fahrenheitstr. 1, 28359 Bremen

www.eh-verlag.de

Thomas Schäffer

Dramaturgie in moderierten Sitzungen

Inhaltsverzeichnis

1. **Problemstellung, Eingrenzung des Untersuchungsgegenstandes und Aufbau der Arbeit** — 1
2. **Begriffsbestimmung ‚Dramaturgie'** — 3
   - 2.1 Allgemeine Begriffsbestimmung ‚Dramaturgie' — 3
   - 2.2 Der Begriff der Dramaturgie in der Moderationsliteratur — 4
   - 2.3 Definition von ‚Dramaturgie in moderierten Sitzungen' — 6
3. **Die Perspektivebenen der Dramaturgie** — 8
   - 3.1 Exkurs: Dramaturgie im Zusammenhang filmischen Erzählens — 8
     - 3.1.1 Die Poetik von Aristoteles — 8
     - 3.1.2 Die Kreative Matrix bei Philip Parker — 11
   - 3.2 Ableitung der Perspektivebenen für Dramaturgie in der Moderation — 14
4. **Darstellung und Analyse der Perspektivebenen** — 17
   - 4.1 Die Perspektive der Handlungsebene — 17
     - 4.1.1 Die Anfangssituation — 20
     - 4.1.2 Der Hauptteil — 21
     - 4.1.3 Die Schlusssituation — 22
     - 4.1.4 Übergänge — 23
     - 4.1.5 Phasen und Arbeitsschritte — 24
     - 4.1.6 Mehrstufige und mehrtägige Veranstaltungsfolgen — 25
   - 4.2 Die Perspektive der Prozessebene — 26
     - 4.2.1 Horizontale Prozessbeschreibungen — 26
     - 4.2.2 Vertikale Prozessbeschreibung — 30
     - 4.2.3 Konflikte — 30
     - 4.2.4 Intervallveranstaltungen — 31
   - 4.3 Die Perspektive der Sachebene — 33
     - 4.3.1 Inhalte — 33
     - 4.3.2 Thema und Themen — 37
   - 4.4 Die Perspektive der Methodenebene — 39
     - 4.4.1 Moderation als Methode — 39
     - 4.4.2 Methoden der Moderation — 41
     - 4.4.3 Arbeitstechniken und –instrumente sowie Arbeitsformen — 44
   - 4.5 Die Perspektive der Bezugsebene — 48
   - 4.6 Die Gestaltungsebene — 50
5. **Die dramaturgische Matrix und ihre Relevanz in der Praxis** — 53
6. **Schlussbetrachtung und Ausblick** — 56

Literaturverzeichnis — 57

Abbildungsverzeichnis:

Abbildung 1:   Strukturmodell   20
Abbildung 2:   Methodenmodell   47
Abbildung 3:   Dramaturgische Matrix   54

1. Problemstellung, Eingrenzung des Untersuchungsgegenstandes und Aufbau der Arbeit

„Die Methode der Moderation ist ein Handwerk, eine Kunst, das Gespräch zwischen Menschen sinnvoll und ergebnisreich zu gestalten. Vor etwa 30 Jahren gab es weder die Methode noch dieses Wort dafür."[1] Dieses Zitat belegt, dass Moderation noch eine recht junge Disziplin darstellt. Gleichwohl hat Moderation sich in dieser Zeitspanne zu einem Standard besonders in den Bereichen der Erwachsenenbildung und dem Management entwickelt.

Als ‚moderierte Sitzungen' werden für diese Untersuchung Lehr-/Lern- und Arbeitskontexte verstanden, für die die Methode der Moderation und/oder Moderationsmethoden zentrale Gestaltungsmomente darstellen. Unter Moderationsmethode wird hierbei generell eine „… offene, systematische und strukturierte Vorgehensweise, die ein effizientes Leiten von (Lern- und) Arbeitssitzungen (Workshops, Besprechungen, Meetings etc.) ermöglicht und die Gruppe in ihrer Meinungsbildung und Entscheidungsfindung unterstützt (verstanden)."[2]

Es haben sich Methodenschulen wie MODERATIO®, ModerationsMethode® oder Metaplan® herausgebildet. Zahlreiche Veröffentlichungen zum Thema sind erschienen – zu einem überwiegenden Teil Ratgeberbücher oder Anleitungen zum Einsatz der Methode. Dabei fällt auf, dass Begrifflichkeiten Eingang finden, die aus anderen Kontexten entlehnt werden. Ein solcher Begriff ist der der Dramaturgie, der an diversen Stellen innerhalb der Fachliteratur – bis hin zu der Darstellung sogenannter ‚Musterdramaturgien'[3] – zu finden ist. Gleichwohl lässt sich weder eine allgemeinverbindliche Definition von Dramaturgie im Zusammenhang der Moderation finden noch wird im Hinblick auf die Dramaturgie vertieft erläutert, welche Faktoren für ein dramaturgisches Geschehen von Bedeutung sind.

---

[1] Klebert/Schrader/Straub: 2006, 15.
[2] Burow: o. J. ZWW Lerneinheit 1.01, S. 3.
[3] vgl. Neuland: 2003, 219.

Diese Arbeit beleuchtet daher genau diesen Aspekt von Moderation und stellt ihn in den Fokus der Betrachtung.

Über die Analyse der Fachliteratur sollen zunächst Begriffsbestimmungen von Dramaturgie im Allgemeinen sowie speziell für die Moderation geleistet werden. Es sollen die Wirkfaktoren und relevanten Elemente für Dramaturgie in moderierten Sitzungen bestimmt und ihr Zusammenspiel aufgezeigt werden. Ziel ist es, die Komplexität der Dramaturgie zu würdigen und einen Handlungsrahmen zu entwerfen, der für die praktische Arbeit von Moderatoren in der Planung und der Reflexion von Moderationssitzungen von Relevanz sein kann. Nach der Begriffsbestimmung wird über einen Exkurs Dramaturgie zunächst im Zusammenhang des filmischen Erzählens beleuchtet. Auf der Basis dieser Erläuterungen wird im Anschluss ein Bezugsrahmen abgeleitet. Dieser leitet die weitere Untersuchung des Themas. Die Ergebnisse dieser Untersuchung werden in einem Handlungsrahmen für Moderation abschließend zusammengefasst. Im Schlusskapitel wird dieser Handlungsrahmen auf seine Umsetzbarkeit überprüft.

2. Begriffsbestimmung ‚Dramaturgie'

Im Folgenden soll der Begriff der Dramaturgie zunächst allgemein gefasst werden. Anschließend wird dargestellt, inwieweit er in der Fachliteratur zu moderierten Gruppenarbeiten Erwähnung findet. Aus diesen Quellen abgeleitet, wird eine Begriffsbestimmung von Dramaturgie im Kontext der Moderation formuliert. Diese Begriffsbestimmung soll Grundlage der weiteren Betrachtung sein.

2.1 Allgemeine Begriffsbestimmung ‚Dramaturgie'

Der Begriff „Dramaturgie" findet seinen Ursprung in dem griechischen Wort ‚dramaturgein'. ‚Dramaturgein' wird übersetzt mit ‚ein Drama verfassen'. Das griechische Wort ‚Drama' wiederum steht für ‚Handlung'.[4] Dramaturgie bezeichnet „... einerseits das Kompositionsprinzip eines Theaterstückes, das je nach Epoche variiert, oder auch die Kunst, im Bereich Literatur, Theater, Filmkunst und Fernsehen, aber auch in der Musik, einen Spannungsbogen zu gestalten."[5] Darüber hinaus wird mit Dramaturgie auch der Arbeitsbereich des Dramaturgen am Theater oder beim Film bezeichnet.

Der Begriff Dramaturgie hat neben den in der obigen Definition genannten Kunstgattungen mittlerweile Einzug gehalten in diverse andere Kontexte. So wird beispielsweise im Eventmarketing von der „Eventdramaturgie"[6] oder im grafischen Gestaltungsbereich von der Dramaturgie beispielsweise einer Website gesprochen.[7]

---

[4] Esser, Dr. Michael W./Caspari, Patricia: Dramaturgie als Regelwerk. (online) URL: www.dramaworks.de/service_downloads.php (Stand 26.03.2007).
[5] http://de.wikipedia.org/wiki/Dramaturgie (Stand 26.03.2007).
[6] vgl. Erber: 2000, 141.ff.
[7] „ ... Webseitendramaturgie ... Ist aktive Benutzerführung (Seitendramaturgie): ..." B. Schradi: Internetlexikon. (online) URL: www.symweb.de/glossar/dramaturgie) (Stand 26.03.2007).

2.2 Der Begriff der Dramaturgie in der Moderationsliteratur

Auch für den Kontext der Moderation wird Dramaturgie an diversen Fundstellen der Fachliteratur benannt. So findet sich beispielsweise eine Begriffsbestimmung bei Metaplan®, die auf den Ursprung der Bedeutung zurückgreift und die Analogie zur Moderation herstellt:

„Dramaturgie ist ein Begriff aus der Welt des Dramas und des Theaters. Es (sic) bezeichnet die Kunst oder Technik der Gestaltung eines Stücks. In der Metaplan-Methode wird der Begriff analog zur Theaterwelt verwendet. Zur Gestaltung moderierter Veranstaltungen gehören dramaturgische Regeln, zum Beispiel wie man Kleingruppen bildet, wie man die Rückdiskussion im Plenum gestaltet, wie man auf großen Konferenzen Gesprächsrunden organisiert. Neben dieser technischen Seite der dramaturgischen Gestaltung fassen wir unter den Begriff der Dramaturgie auch die Vorgehensweisen eines Moderators zusammen, wie er herausfinden kann, ... in welchen Zwängen sich die Teilnehmer befinden, und wie er als Moderator im Prozess mikropolitisch intervenieren kann."[8]

Neuland (2003) fasst Dramaturgie als den „... Plan für den Moderationsprozess. Sie ist sozusagen der Bauplan für die Inszenierung. Die Dramaturgie enthält die einzelnen Schritte bis zum Erreichen des Moderationsziels" (S. 214).

Für Klebert/Schrader/Straub (2006) heißt Dramaturgie, „... die Reihenfolge der methodischen Schritte festzulegen. Die Gruppe soll sich aus den gegebenen Vorbedingungen so entwickeln, dass sie einen Lösungskatalog erarbeitet, hinter dem sie verantwortlich steht. Dabei müssen in den drei Hauptphasen der Moderation – Problemsammlung und – strukturierung, Problembearbeitung, Problemlösung – immer beide Ebenen, Kopf und Bauch, Verstand und Gefühl, methodisch berücksichtigt werden. Dann setzen die Moderatoren ihre Dramaturgie in einen Ablaufplan um, in dem die methodischen Schritte, die benötigte Zeit, der Moderatoren- und Materialeinsatz

---

[8] URL: www.metaplan.de/download/woerterbuch.pdf (Stand: 26.03.2007).

genau bezeichnet sind. Ungeübte Moderatoren sollten sich eine exakte Dramaturgie machen und versuchen, nachher ihre Abweichungen zu besprechen und daraus zu lernen." (S. 78)

Lipp/Will (2004) sprechen von „... klassischen Dramaturgien ..." der Moderationsmethode und beschreiben in diesem Zusammenhang einen sogenannten „... Standardablauf ... " (S. 22). Sie weisen zudem darauf hin, dass es „... das fertige Schnittmuster für Workshops ... "[9] nicht gibt. „Jeder Workshop braucht seine eigene Dramaturgie. Das darf kein vorgefertigter Fahrplan sein, den der Moderator einzuhalten hat."[10]

Blumenthal/Drescher (2003) definieren Dramaturgien als „... didaktisch geschickte und thematisch angebrachte Folgen von Interaktionen (Fragen, Thesen, Skalen etc.) und Informations-Eingaben. Charakteristisch für solche vorüberlegten Dramaturgien ist, dass sie die permanente und unmittelbare Aktivierung aller Gruppenmitglieder herausfordern und zugleich auf Erkenntnisgewinne in den Köpfen der Teilnehmer abzielen."[11]

Thöneßen und Reisdorff (1999) stellen die Dramaturgie ebenfalls in den Kontext des Ablaufs und der Planung: „Als Dramaturgie wird der Ablaufplan der Moderation in allen seinen Schritten und Facetten bezeichnet. Die Dramaturgie umfasst im Einzelnen: 1. Die Einstiegsfrage, 2. die Folgefrage, 3. alle weiteren Folgefragen."[12] Es folgen Hinweise für die Niederschrift der Planung: „Weiter ist zu vermerken, mit welcher Methode die einzelnen Schritte vollzogen werden (Kartenabfrage, These, Punktabfrage) und welcher Zeitbedarf für den einzelnen Schritt angesetzt wird (in Minuten). Bei einer Teammo-

---

[9] Lipp/Will: 2004, 21.
[10] ebenda: 2004, 21.ff.
[11] Blumenthal/Drescher (2003): Dramaturgie und Dokumentation einer von Mitarbeitern selbst moderierten eintägigen Groß-Konferenz mit neun parallelen Workshop-Theman. URL:
www.berater.de/tools/download?dfID=596 (Stand: 26.03.2007).
[12] Thöneßen/Reisdorff (1999): Moderation. (online) URL:
http://paedpsych.jku.at/cicero/KOMMUNIKATION/Moderation.pdf
(Stand: 26.03.2007).

deration wird auch der Name des verantwortlichen Moderators hinter den einzelnen Schritt gesetzt."[13] Die Autoren nennen eine spezielle Form der Dramaturgie, die sie als ‚verzweigte Dramaturgie' kennzeichnen: „Ist es nicht klar, mit welchem Ergebnis ein Moderationsschritt endet, so müssen mögliche Alternativergebnisse durchdacht und entsprechende Folgefragen formuliert werden. Dies bezeichnet man als eine sogenannte ‚verzweigte Dramaturgie'."[14]

Geißler (1999) greift den ‚phasischen Verlauf von Gruppenprozessen' auf und nennt den Begriff der ‚pädagogischen Dramaturgie': „Das Wissen um diesen phasischen Verlauf von Gruppenprozessen kann, …, dazu genutzt werden, eine Art pädagogischer Dramaturgie aufzubauen. An den Lernmöglichkeiten derer, die lernen wollen und sollen, und an den Entwicklungsdynamiken der sozialen Gemeinschaft, in der diese lernen, wird sich eine solche Dramaturgie orientieren müssen" (S.165).

Mit diesen exemplarischen Fundstellen der einschlägigen Literatur wird deutlich, dass der Begriff der Dramaturgie im Zusammenhang mit Moderation bereits Verwendung findet. Gleichzeitig wird aber auch evident, dass die Begrifflichkeit und der Kontext oftmals unspezifisch bleiben beziehungsweise die Verwendung und die Bedeutungsgebung nicht konsistent sind. Die einzelnen Bestimmungen geben allerdings Hinweise zur Dramaturgie beziehungsweise zur dramaturgischen Gestaltung von moderierten Sitzungen, die im Folgenden zu einer Definition zusammengefasst werden sollen.

2.3 Definition von ‚Dramaturgie in moderierten Sitzunge'

Die klarste und übergreifende Zuweisung findet Dramaturgie in der Beschreibung als Plan für den Prozess oder auch als Ablaufplan und detaillierte Niederschrift der einzelnen geplanten Arbeitsschritte.

---

[13] Thöneßen/Reisdorff: 1999, 11.
[14] ebenda: 1999, 11.

Einzelhinweise nennen ‚dramaturgische Regeln' oder auch ‚didaktisch geschickte und thematisch angebrachte Folgen von Interaktionen und Informations-Eingaben'. Weitere Hinweise rekurieren auf die Absicht und Zielsetzung der Aktionen. Sie sollen die Aktivierung der Gruppenmitglieder und zugleich den Erkenntnisgewinn bei den Teilnehmern erreichen.

Neben der Planung findet auch der Gruppenprozess im Zusammenhang der Dramaturgie Erwähnung. Die Dramaturgie soll sich demnach an den Lernmöglichkeiten der Lernenden und an den Entwicklungsdynamiken der Lerngemeinschaft/Gruppe orientieren.

Auch wird der Begriff ‚Inszenierung' im Zusammenhang mit der Zuweisung der Dramaturgie als Planungsinstrument eingeführt. Schließlich soll der dramaturgische Plan auch als Hilfe bei der Rückschau auf die durchgeführte Veranstaltung dienen.

Zusammengefasst lässt sich Dramaturgie für moderierte Sitzungen auf der Basis der Fundstellen in der einschlägigen Literatur wie folgt definieren:

Dramaturgie in moderierten Sitzungen ist einerseits ein Planungsinstrument, welches auf der Grundlage dramaturgischer Regeln den Ablauf der Veranstaltung als Folge von Interaktionen und Informationseingaben detailliert beschreibt und zum anderen der Gestaltungsrahmen, der in der Auswahl der Interaktionsformen und der Informationsinhalte und -darbietungen sich an den Entwicklungsdynamiken des Einzelnen und dem der Gruppe orientiert und somit sowohl gruppendynamische Prozesse als auch individualpsychologische Aspekte mit den Zielen der unmittelbaren und permanenten Aktivierung der Gruppenmitglieder und des Erkenntnisgewinns für die Lernbeteiligten berücksichtigt.

3. Die Perspektivebenen der Dramaturgie

Die in Kapitel 2 dargestellten Fundstellen stellen zum Teil bereits die Analogie von Dramaturgie im Kontext künstlerischer Werke zu Dramaturgie in moderierten Sitzungen her. Daher wird sich diese Arbeit zunächst dem Begriff aus dem Kontext der Kunst nähern und Faktoren darstellen, die für die Dramaturgie relevant sind. Im Rahmen dieser Arbeit ist eine umfassende Würdigung des künstlerischen Kontextes nicht möglich. Die Auseinandersetzung wird sich daher auf den Bereich des Erzählens und im Speziellen dem des filmischen Erzählens beschränken. Da es in der Fachliteratur zu Moderation keine explizite auf die Dramaturgie bezogene Darstellung der sie bedingenden Faktoren gibt, wird aus dem Exkurs zum filmischen Erzählen ein Bezugsrahmen abgeleitet. Dieser zeigt Perspektiven auf, die die anschließende Analyse eines weit gefassten Korpus an Fachliteratur leiten wird.

3.1 Exkurs: Dramaturgie im Zusammenhang filmischen Erzählens

3.1.1 Die Poetik von Aristoteles

Als grundlegendes Werk über die Gestaltung von Erzählungen gilt Aristoteles' Poetik. In der Drehbuchliteratur wird zum überwiegenden Teil Bezug darauf genommen oder Theorien fußen explizit und grundlegend auf den dort dargelegten Ausführungen.[15] Wesentliche und besonders für die Dramaturgie von Filmen bedeutsame Aspekte beruhen auf folgenden Aussagen:

„Ein Ganzes ist, was Anfang, Mitte und Ende hat."[16] „Ein Anfang ist, was selbst nicht mit Notwendigkeit auf etwas anderes folgt, nach dem jedoch natürlicherweise etwas anderes eintritt oder entsteht. Ein Ende ist umgekehrt, was selbst natürlicher Weise auf etwas anderes folgt, und zwar notwendigerweise oder in der Regel, während

---

[15] vgl. Eick: 2006, 38 ff.
[16] Aristoteles: 1994, 25.

nach ihm nichts anderes mehr eintritt. Eine Mitte ist, was sowohl selbst auf etwas anders folgt als auch etwas anderes nach sich zieht. Demzufolge dürfen Handlungen, wenn sie gut zusammengefügt sein sollen, nicht an beliebiger Stelle enden, sondern sie müssen sich an die genannten Grundsätze halten."[17]

Mit dieser Aussage bestimmt Aristoteles das Ganze als eine geschlossene Form und gleichzeitig als die Summe struktureller Einzelteile. Bei Aristoteles sind dies drei Akte, die Struktur bildend für die Dreiaktform der überwiegenden Mehrzahl vor allem populärer filmischer Erzählungen ist.

Als zweites Moment sei hier die Handlung – bei Aristoteles auch Mythos bezeichnet – genannt. „Der wichtigste Teil ist die Zusammenführung der Geschehnisse. Denn die Tragödie ist nicht Nachahmung von Menschen, sondern von Handlung und von Lebenswirklichkeit."[18] Der Mythos ist dabei das zentrale Moment und Ziel der Tragödie: „Ferner könnte ohne Handlung keine Tragödie zustandekommen (sic), wohl aber ohne Charaktere."[19]

Zwei Aspekte sind bei Aristoteles für die Zusammensetzung und Anordnung der Handlung von Bedeutung: Die sogenannten Peripetien und die Wiedererkennungen. „Die Peripetie ist (,...) der Umschlag dessen, was erreicht werden soll, in das Gegenteil, und zwar, (...,) gemäß der Wahrscheinlichkeit oder mit Notwendigkeit. (...) Die Wiedererkennung ist (,...) ein Umschlag von Unkenntnis in Kenntnis, ..."[20] Die Peripetien und Wiedererkennungen stellen in der Ereignisfolge der Handlung in der Drehbuchtheorie die sogenannten Wendepunkte dar und wirken somit ebenfalls – für den dramaturgischen Verlauf sogar entscheidend und diesen vorantreibend – strukturbildend. Herauszustellen sind hierbei die Aspekte der Wahrscheinlich-

---

[17] Aristoteles: 1994, 25.
[18] ebenda: 1994, 21.
[19] ebenda: 1994, 21.
[20] ebenda: 1994, 35.

keit und der Notwendigkeit, die grundlegend die erforderliche Motivation für das Ereignis betonen.[21]

Dabei ist nicht nur die Anordnung der Bestandteile von Bedeutung sondern auch eine bestimmte Größe. „Das Schöne beruht nämlich auf der Größe und der Anordnung."[22] Für die Größe – damit sollen vor allem die zeitliche Dimension und die Dichte der Information gemeint sein - sind bei Aristoteles die Übersichtlichkeit und das Gedächtnis bestimmend.

Hinzu treten die Elemente Figur und Charaktere. Die Figuren sind alle Handelnden und sich in Tätigkeit Befindenden.[23] Unter Charakter versteht Aristoteles „... das, im Hinblick worauf wir den Handelnden eine bestimmte Beschaffenheit zuschreiben ..."[24] Der Charakter äußert sich „... in dem Vermögen, das Sachgemäße und das Angemessene auszusprechen."[25] Die Entwicklung des Charakters bzw. der Figur beruht auf dessen Erkenntnisfähigkeit. Sie zeigt sich in dem „..., womit sie in ihren Reden etwas darlegen oder auch ein Urteil abgeben."[26]

Schließlich nennt Aristoteles die Inszenierung und bezeichnet sie als „... das Kunstloseste ... (sie) hat am wenigsten etwas mit der Dichtkunst zu tun, denn die Wirkung der Tragödie kommt auch ohne Aufführung und Schauspieler zustande."[27] Gleichwohl ist sie bei Aristoteles als Bestandteil der Dramaturgie aufgeführt.

Aus den hier angeführten Auszügen der Poetik Aristoteles' lassen sich die Parameter Handlung, Struktur und Form, Figur und Charakter sowie Inszenierung ableiten.

---

[21] vgl. Eick,: 2006, 61.
[22] Aristoteles: 1994, 25.
[23] vgl. Aristoteles: 1994, 9.
[24] ebenda: 1994, 19 f.
[25] ebenda: 1994, 23.
[26] ebenda: 1994, 21.
[27] ebenda: 1994, 25.

Wie bereits erwähnt, fußen zahlreiche – aber längst nicht alle – Hand-,Methoden- und Theoriebücher für die Drehbuchentwicklung auf den Ausführungen Aristoteles'. Gleiches gilt für eine Vielzahl der existierenden Filmwerke. Eine umfassende Erörterung oder Würdigung würde den Rahmen dieses Exkurses sprengen. Exemplarisch soll als eine sehr aktuelle Theorie die von Philipp Parker dargestellt werden. Zusammenhänge zu Aristoteles' Poetik werden u. a. über die oben ausgewiesenen Parameter deutlich. Die Anwendung und Weiterentwicklung auf die Filmkunst soll über den von Parker gewählten Ansatz vermittelt werden.

3.1.2 Die Kreative Matrix bei Philip Parker

Parker (2005) benennt 6 Grundelemente eines Drehbuches und fasst sie in der ‚kreativen Matrix' zusammen. Diese Grundelemente sind: Genre und Stil, Form und Handlungsführung, Geschichte und Thema. Mit Geschichte bezeichnet er „... ein wiedererkennbares Muster von Ereignissen."[28] „In ihrer Gesamtheit fungieren diese Ereignisse im Hinblick auf die Motivation der Figuren als jenes Bezugssystem, das zwischen dem Drehbuchautor und seinem Publikum hergestellt wird."[29] Während die Geschichte das Bezugssystem für die Motivation der Figur liefert und durch die Entwicklung von Ereignissen veranschaulicht wird, liefert das Thema auf ähnliche Weise „... den emotionalen Bezugsrahmen und das Wertesystem ... und wird durch die Verwendung von Wiederholungen veranschaulicht."[30] Die Folge der Wiederholungen werden auch als ‚Strang' bezeichnet. Jede Wiederholung beleuchtet das, was als wichtig etabliert wurde, aus einem anderen Blickwinkel oder über ein anderes Element (Bild, Subtext, Statement, Szene etc.).[31] Als Bedingungskriterien der Form, d. h. der Gesamtgestalt, nennt Parker die Länge, die Struktur und die Zeit. Die Länge kann vom kleinsten für die Auffassung des Gehirns notwendi-

---

[28] Parker: 2005, 39.
[29] ebenda: 2005, 39.
[30] ebenda: 2005, 44.
[31] vgl. ebenda: 2005, 44.

gen Moment bis hin zu Laufzeiten von mehreren Jahren dauern. D. h. vom Sekundenspot bis zur Soap.[32] Für die Grundstruktur nennt er fünf Grundformen:

Linear (alle Ereignisse finden in chronologischer Reihenfolge statt), episodisch (eine Ansammlung eigenständiger Episoden), thematisch (verschiedene Figuren werden durch eine Gemeinsamkeit wie gemeinsames Problem, gemeinsames dramatisches Anliegen oder gemeinsamer Ort verbunden), assoziativ (eine Reihe von Ereignissen ist durch gemeinsame Elemente miteinander verbunden), zirkular (die Erzählung wird aus Ereignissen gebildet, die sich wiederholen).[33] Die Zeit umfasst die Möglichkeiten der Realzeit (Zeit, welche die Grundlage der Erzählung bildet), Filmzeit (durch die filmische Darstellung bedingte Zeit wie bspw. Zeitraffer), gefühlte Zeit (Zeit, die durch die Aneinanderreihung von Einstellungen oder durch die Länge oder den Winkel der Einstellung zum Ausdruck gebracht wird) sowie die Erzählzeit (narrative Zeitgebung).[34] Der Form stellt Parker die Handlungsführung gegenüber. Treibende Kraft der Handlungsführung ist nach Parker ein komplexes Set von ‚Aktiven Fragen'. Diese ‚Aktiven Fragen' strukturieren die Erzählung von einem Augenblick zum nächsten und von ihrem Anfang bis zum Ende. „Eine ‚Aktive Frage' ist eine Frage, die aus der Erzählung heraus im Bewusstsein der Zuschauer entsteht, die sie neugierig macht und dafür sorgt, dass sie an der Erzählung interessiert bleiben, während die Antwort gesucht wird."[35] Hauptaufgabe der Handlungsführung ist es, „... auf der emotionalen Ebene zu funktionieren, um die Anteilnahme der Zuschauer an der Entwicklung der Erzählung zu erreichen."[36] Neben der Existenz anderer, nicht-linearer und offener Handlungsstrukturen stellt Parker die schon bei Aristoteles begründete Dreiaktstruktur dar. Die Akte folgen der Formel: Etablieren, entwickeln, auflösen. Funktion, Ziel und Zusammenspiel wird wie folgt umschrieben: „Jene

---

[32] vgl. Parker: 2005, 47.
[33] vgl. ebenda: 2005, 47 f.
[34] vgl. ebenda: 2005, 50.
[35] ebenda: 2005, 51.
[36] ebenda: 2005, 52.

Merkmale, die eine Erzählung kennzeichnen werden, müssen zu Beginn jeder Erzählung im Bewusstsein der Zuschauer etabliert werden. Dies wird erreicht, indem eine Reihe einfacher Fragen beantwortet wird: von ‚Wo befinden wir uns?' bis ‚Wovon handelt es?'. ... Im zweiten Akt muss man den Zuschauern Gründe dafür liefern, an diesem Punkt nicht aus der Erzählung auszusteigen, ... Dies ist der Entwicklungsteil der Erzählung, wo eine Reihe neuer Aktiver Fragen aufgeworfen wird. Diese bauen auf den ersten auf, machen aber zugleich auf die Möglichkeit aufmerksam, dass die Erzählung auch anders ausgehen könnte. Der dritte Akt besteht darin, die Erzählung zu ihrer Auflösung zu führen und damit den Zuschauern das Gefühl zu geben, dass sie abgeschlossen ist."[37] Schließlich beschreibt Parker das Genre als die Zusammenstellung von Mustern und narrativen Elementen, die bekannt bzw. wieder erkennbar sind und so als Grundlage der Interpretation des Films dienen.[38]

Der Stil als sechstes Element der Matrix ergibt sich zu großen Teilen aus den anderen Elementen. Parker bezeichnet ihn zugleich als den bedeutendsten Faktor, da er „... bestimmt, wie sich die Erzählung entwickelt."[39] Als absolut wichtigstes Charakteristikum des Stils bezeichnet Parker den Ton – ist er dramatisch, komisch oder tragisch. Stilmittel der filmischen Erzählung sind dabei Handlungsort, Charakterisierung, Dialog, Balance zwischen Dialog und Handlung, Montage, Perspektive, Farbe, Geräusch/Sound, Spezialeffekte.

Parker macht in seiner ‚Kreativen Matrix' deutlich, dass die genannten Elemente gleichzeitig und in Wechselbeziehung zueinander wirken. Er betont zudem, dass die Matrix sich auch auf die Zwischenräume bezieht, die vom Autor ausgefüllt werden. „Es sind diese kreativen Zwischenräume, die – wenn sie von den sechs Elementen ... gestützt werden – die Besonderheit und Originalität eines Drehbuchs ausmachen."[40]

---

[37] Parker: 2005, 55 f.
[38] vgl. ebenda: 2005, 58.
[39] ebenda: 2005, 66.
[40] ebenda: 2005, 71.

Im Folgenden soll aus den Ausführungen dieses Exkurses ein Bezugsrahmen abgeleitet werden, der als Grundgerüst für die weiteren Überlegungen zu einer Dramaturgie in moderierten Gruppensitzungen dienen wird.

3.2 Ableitung der Perspektivebenen für Dramaturgie in der Moderation

Moderierte Gruppensitzungen sind weder Theaterspiele noch filmische Erzählungen. Die Ausführungen unter 3.1 sollen hier allerdings spezifische Blickwinkel eröffnen, aus denen moderierte Gruppensitzungen – besonders in Hinblick auf die Dramaturgie – betrachtet werden können.

In Anlehnung an die Matrix bei Parker sollen dies die folgenden sechs Perspektivebenen sein:

1. Die Perspektive der Handlungsebene, die den Ablauf der Moderation in ihrer Gesamtheit betrachtet. (Vgl. die ‚Form' bei Parker)

2. Die Perspektive der Prozessebene, die sich mit den Dynamiken der Beziehungen, den Motiven sowie den Veränderungen der Beteiligten befasst. (Vgl. ‚Handlungsführung' bei Parker)

3. Die Perspektive der Sachebene, die den Blick auf die Inhalte und die didaktischen Elemente der Moderation lenkt. (Vgl. ‚Thema' bei Parker)

4. Die Perspektive der Methodenebene, die sich mit den Instrumenten, Verfahrens- und Handlungsweisen in der Moderation beschäftigt. (Vgl. ‚Geschichte' bei Parker)

5. Die Perspektive der Bezugsebene, die die Rahmenbedingungen und Fragen der Inszenierung der Sitzung beleuchtet. (Vgl. ‚Genre' bei Parker)

6. Die Ebene der Gestaltung, die den Moderator, die Moderatorin in den Fokus stellt. (Vgl. ‚Stil' bei Parker)

Eine Gegenüberstellung der Parameter der Erzählung und der Perspektivebenen der Moderation lässt eine Reihe an Analogiebildungen zu:

Die Perspektive der Handlungsebene greift in Anlehnung an die Form die Gesamtheit der moderierten Sitzung in ihrem Ab- und Verlauf auf und bezieht sich im Wesentlichen auf die strukturierenden Aspekte des Ganzen und seiner Teile. Die Perspektive der Prozessebene fokussiert die Handelnden und die Dynamiken, die sie treiben. Eine Analogie in der Erzählung wird in der Handlungsführung gesehen, die das emotionale Geschehen in den Vordergrund rückt sowie als treibende Kraft ‚Aktive Fragen' etabliert. Die Perspektive der Sachebene behandelt die sachlichen Inhalte und damit im Wesentlichen das Was der moderierten Sitzung. Zu dieser Ebene wird die Nähe zum ‚Thema' der Erzählung herausgestellt. Das Thema in der Erzählung etabliert und hält als roten Faden das, was wichtig ist, was die handelnden Figuren in der Erzählung motiviert. Die Perspektive der Methodenebene betrachtet im Wesentlichen das Wie der moderierten Sitzung und damit die Instrumente, Verfahrens- und Handlungsweisen. Dramaturgisch wird hier eine Anlehnung an die ‚Geschichte' gesehen, die ein wieder erkennbares Muster von Ereignissen herstellt. Schließlich richtet die Perspektive der Bezugsebene für die Moderation den Blick auf den Rahmen und das Setting – ähnlich dem Genre und der Inszenierung während die Art und Weise, wie die Moderation angelegt, vom Moderator geprägt und gestaltet wird den Blick auf den Stil lenkt.

Somit lässt sich zusammenfassend feststellen, dass eine Analogiebildung von Dramaturgie im Zusammenhang filmischen Erzählens zu Dramaturgie für Moderationen über den Rahmen der reinen Verlaufsplanung hinaus vollzogen werden kann. Die folgende Analyse soll untersuchen, welche Faktoren innerhalb der Moderation für die Dramaturgie von Bedeutung sind. Da es sich bei moderierten Sitzungen allerdings um einen wesentlich sich unterscheidenden Kontext zu filmischen Erzählungen handelt – nicht zuletzt lebt die Moderation aus dem Geschehen in der Gruppe und die Akteure folgen keinem festgelegtem Drehbuch – sollen die oben aufgeführten Analogien lediglich als gedankliche Querstreben verstanden werden.

4. Darstellung und Analyse der Perspektivebenen

4.1 Die Perspektive der Handlungsebene

Mit Handlungsebene werden der Verlauf und die Abfolge von Interaktionen und Informationseingaben beschrieben. Betrachtet wird mit dieser Ebene die Gesamtheit der Einzelaktivitäten als Gesamtgestalt. Somit werden die formgebenden und strukturellen Aspekte in den Fokus gestellt.

Eine beschreibende Dimension ist die Länge oder die Gesamtzeit. Die Varianz in der Länge von Moderationen scheint weit gefasst. Moderationszyklen können „... Wochen in Anspruch nehmen, aber auch schon innerhalb einer Stunde abgeschlossen sein."[41] Das heißt, moderierte Gruppenarbeit kann sich auf eine Mehrzahl von Sitzungen, die im Zusammenhang zueinander stehen, beziehen oder auch ein kurzzeitiges Meeting umfassen. Im Folgenden soll zunächst die zusammenhängende Einzelveranstaltung betrachtet werden. Auch diese kann von kürzeren Sitzungen bis hin zu mehrtägigen Workshops variieren.

In der Literatur finden sich zudem unterschiedliche Struktur beschreibende Begriffe. Es sind dies Zyklus, Phasen und Schritte.

Der Begriff des Zyklus findet sich bei Seifert (2005). Er beschreibt den „klassischen Ablauf" (S. 98) einer Moderation als Moderationszyklus der sechs Schritte umfasst: Einstieg – Themen sammeln – Thema auswählen – Thema bearbeiten – Maßnahmen planen und Abschließen.[42]

Neuland (2003) stellt ein Phasenmodell vor (S. 195 ff.). Sie beschreibt sieben Phasen[43]: Die Teilnehmer lernen sich kennen (Phase 1); Die Ziele werden definiert und vereinbart (Phase 2); Einstieg, Hinführung zur Thematik (Phase 3); Informieren und Ideen sammeln (Phase 4);

---

[41] Seifert: 2005, 87.
[42] Seifert: 2005, 98.
[43] Neuland: 2003, 195 ff.

Bewerten, Konkretisieren und Entscheiden oder Verarbeiten und Vertiefen (Phase 5); Die Prozesse und Ergebnisse werden reflektiert (Phase 6); Dokumentation (Phase 7).

Lipp/Will (2004) zeigen zehn Schritte für den Ablauf einer ‚klassischen Dramaturgie' der Moderationsmethode auf: Schritt 1: Vorfeldkontakte; dies entspricht einem Part der Vorbereitung vor Beginn der eigentlichen Moderationssitzung. Schritt 2: Einfädelphase; diese Phase umschreibt den Einstieg in die Moderationssitzung selbst. Schritt 3: Informationsphase; hier werden Informationen eingebracht, die die Teilnehmer auf einen gemeinsamen Kenntnisstand bringen. Schritt 4: Zielphase; es gilt, ein gemeinsames Ziel zu vereinbaren. Schritt 5: Ideensuche und Ordnung; eine Phase der Kreativität. Schritt 6: Vertiefung; die Themen werden methodisch verfeinert. Schritt 7: Präsentation und Diskussion der Ergebnisse; das Plenum wird einbezogen. Schritt 8: Bewerten und Entscheiden; die Gruppe verständigt sich auf ein oder mehrere verbindliche Ergebnisse. Schritt 9: Maßnahmenkatalog; die vereinbarten Ergebnisse werden in einen vereinbarten Maßnahmenplan integriert. Schritt 10: Schlusspunkt und Nachsorge; es wird für die Zeit nach dem Workshop und die Umsetzung der Maßnahmen Sorge getragen. (S. 22 ff.).

Der Aufbau einer Moderation wird aber auch mit den vier Abschnitten: Vorbereitung (Adressatenanalyse, Anlass und Ziel, Gestaltung, Organisation, Einladung), der Durchführung mit den Teilen Einleitung – Arbeitsphase – Abschluss sowie der Nachbereitung (Ergebnisse sichern, aus Erfolgen und Fehlern lernen) beschrieben.[44]

Wiederum Seifert (2001) stellt über den Gruppenprozess drei Phasen heraus (S. 11). Er identifiziert als Gruppenphasen den Einstieg, die Arbeit und den Abschluss. Bezogen auf sein 6-Phasenmodell des Moderationszyklus[45] differenziert er ‚Einstieg' und ‚Abschluss' als Einzelphasen und fasst die Teilschritte ‚Themen sammeln', ‚Thema auswählen' ‚Thema bearbeiten' sowie ‚Maßnahmen planen' in der

---

[44] vgl. Erdmüller/Wilhelm: 2005, 30.
[45] Seifert: 2006, 32.

Phase ‚Arbeit' zusammen.[46] Dabei stellt er heraus, dass die Phasen „... ‚Einsteigen', ‚Sammeln' und ‚Auswählen' nur einmal stattfinden, ... (während) die Phasen ‚Bearbeiten' und ‚Planen' für jeden Tages-OrdnungsPunkt (TOP) separat durchgeführt (werden)."[47] Die Phase ‚Bearbeiten' unterteilt er in die Teilschritte ‚Zielvereinbarung', ‚Sichten' und ‚Klären'.[48]

Die Einteilung in drei Teile findet sich bei Hartmann/Rieger/Auert (2003). Sie unterscheiden den Einleitungsteil, den Hauptteil und den Abschlussteil (S. 60 ff.).

Die Studienbriefe des ZWW[49] nennen innerhalb der dort als ‚Phasen des Prozesses' subsummierten Einheiten: Die Veranstaltungsankündigung, die Vorbereitung, die Anfangsphase, die Abschlussphase, Evaluation und Qualität, Störungen und Interventionsmöglichkeiten, Konflikte im Moderationsprozess, Transfer. Als strukturelle Einheiten können hier die Anfangs-, Arbeits- und Abschlussphase der Moderationssitzung selbst zugeordnet werden. Die anderen Einheiten beziehen sich auf die zeitlich vor- oder nach gelagerte Arbeit und/oder andere Aspekte (Transfer, Störungen, Konflikte).

Die Analyse dieser Strukturangebote der Fachliteratur ergibt, dass moderierte Sitzungen einerseits in drei Teile sowie als wiederum verfeinerte Form andererseits in diverse Einzelschritte oder Phasen unterteilt werden können. Der Sitzung geht ein Vorlauf voraus und es folgt eine Nachbearbeitung.

Die folgende schematische Darstellung verdeutlicht exemplarisch das Zusammenspiel der unterschiedlichen Strukturmuster, die zeitliche Dimension wird dabei außer Acht gelassen.

---

[46] Seifert: 2001, 11.
[47] Seifert: 2006, 33.
[48] vgl. ebenda: 2006, 33.
[49] vgl. Übersicht Studienbriefe des ZWW (online). URL: cweb.uni-bielefeld.de/cm/cgi-bin/cache/VAL_BLOB/149/149/106/Studienplan.pdf (Stand: 28.03.2007).

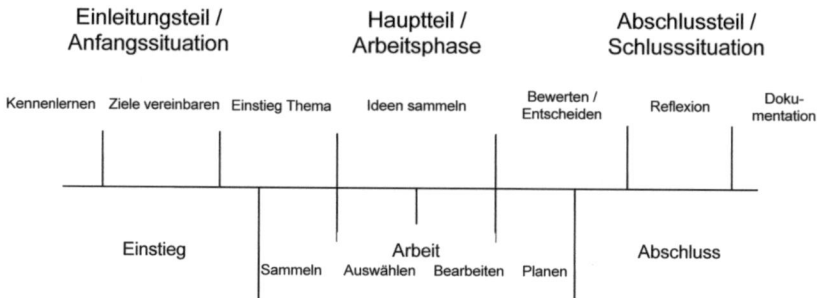

Abbildung 1: Strukturmodell

Der Dreiteilung widmet Geißler gleich drei Publikationen. Er spricht von der Anfangssituation[50], den Übergängen zwischen Willkommen und Abschied[51] und der Schlusssituation.[52]

Im Folgenden soll zunächst der Gliederung in Anfangssituation, Hauptteil und Schlusssituation gefolgt werden. Anschließend wird auf die kleineren Einheiten des Zyklus bzw. der Arbeitsschritte eingegangen werden.

4.1.1 Die Anfangssituation

Die Bezeichnung Anfangssituation statt Anfangsphase oder nur Anfang erscheint treffend, da mit Situation ein bestimmter Ausschnitt bzw. ein Abschnitt aus der sozialen Realität bezeichnet sein soll. „Ein solch zeitlich strukturierter Abschnitt ist auch der Anfang und in unserem Zusammenhang speziell der Anfang von Lehr-/Lernprozessen ... Eine Situation hat in dieser Perspektive etwas Überindividuelles, etwas Allgemeines; so z. B. ein bestimmtes, von vielen Beteiligten geteiltes, Interaktionsmuster ... Sie hat aber ... auch etwas Spezifisches, etwas Individuelles, Einzigartiges und Besonderes

---

[50] vgl. Geißler, 2005a.
[51] vgl. Geißler, 1999.
[52] vgl. Geißler, 2005b.

(z. B. den jeweils individuellen Händedruck bei der Begrüßung). Beide(s) ... sind als Einheit zu sehen. ... Situationen sind Prozesse, keine Tatbestände. ..."[53]

Die Anfangssituation als struktureller Teil der Gesamtheit folgt im Wesentlichen zwei Funktionalitäten: Dem der Orientierung und dem der weiteren Strukturierung. Die Orientierung, „... damit sind vor allem Überblick schaffende Aspekte gemeint."[54] Im Wesentlichen findet Orientierung auf vier Ebenen statt: der räumlichen, der zeitlichen, der inhaltlichen und der sozialen.[55] Insofern erfolgt die Orientierung beispielsweise in Hinblick auf den Ort, den Zeitplan, die Zielsetzung, die Themen und Inhalte sowie die Gruppenkonstellation. Die Strukturierung bezieht sich auf die Aspekte Vorgaben, Übersicht und Transparenz der vorgesehenen Abläufe und ist somit eine aktive Umsetzung von Orientierung – ggf. resultierend aus einer stärkeren Leitungsrolle des Moderators in der Anfangssituation.[56] Die Anfangssituation schafft darüber hinaus die atmosphärische Grundlage und die Basis für den gemeinsamen Lern- und/oder Arbeitsprozess.[57] Außerdem steht sie über die hier zu treffenden Vereinbarungen beispielsweise zu Thema, Zielsetzung und Vorgehensweise oder auch Rollenverständnisse und ggf. gemeinsame Regeln für die Festlegung eines Lern-, Lehr- und/oder Arbeitskontraktes.

4.1.2 Der Hauptteil

Für den Mittelblock der Moderation finden sich Bezeichnungen wie ‚Arbeitsphase'[58] oder auch ‚Hauptteil'.[59] Diese Phase ist geprägt durch „die eigentliche inhaltliche Bearbeitung des jeweiligen The-

---

[53] Geißler: 2005a, 49.
[54] Grosse: o. J. ZWW Lerneinheit 3.1.3., 5.
[55] vgl. Geißler: 1999, 50.
[56] vgl. Grosse: o. J. ZWW Lerneinheit 3.1.3., 6.
[57] vgl. ebenda: o. J., 11.
[58] vgl. Rademacher / Grosse: o. J. ZWW Lerneinheit 3.1.4. 3 ff.
[59] vgl. Hartmann/Rieger/Auert: 2003, S. 69.

mas."⁶⁰ Damit „... wird sich in der Arbeitsphase der Sachebene zugewendet."⁶¹ Insofern wird im Rahmen der Sach- und Methodenebenenperspektive dezidierter auf diese Phase eingegangen werden.

4.1.3 Die Schlusssituation

Die Schlusssituation ist in Abhängigkeit des gesamten Verlaufes der Veranstaltung zu sehen. „Die Qualität der gewonnenen Einsichten und die der erlebten sozialen Beziehungen im gesamten Seminar bestimmen die Atmosphäre in entscheidendem Maße."⁶² Rademacher (o. J.) nennt den Abschluss einer Bildungsveranstaltung „... ein Spiegelbild der Anfangssituation."⁶³ In dieser Schlussphase sollen die Ergebnisse des Lernkontraktes der Anfangsphase gesichert werden. Darüber hinaus werden die Folgerungen aus dem Lerngeschehen festgehalten und die eventuelle Weiterführung des Lernprozesses ermöglicht.⁶⁴ Neben diesen Aspekten des Erkenntnisprozesses gilt es, den Abschied zu gestalten. Die im Lehr-/Lernprozess entwickelte „... Erfahrung von Beziehungen zwischen den Teilnehmern, zwischen Teilnehmern und Dozenten ... "⁶⁵ wurde von diesen erarbeitet. Die Aufhebung der gemeinsamen Lern- und/oder Arbeitssituation achtsam zu gestalten ist eines der vornehmlichen Ziele der Schlusssituation. Thematisiert wird zudem, inwieweit die Schlussphase der Moderation zur Sicherung des Transfers, das heißt zur erfolgreichen „... Umsetzung und Anwendung einer Fähigkeit oder Erkenntnis in einer neuen Situation ... "⁶⁶ beiträgt. Geißler (1999) verweist darauf, dass die Schlusssituation durch den Prozess des Abschiedes überlagert ist und empfiehlt, dass der Transfer von Gelerntem „... besser an jenen Stellen, wo die Erkenntnisse entstanden

---

[60] Hartmann/Rieger/Auert: 2003, S. 69.
[61] Rademacher/Grosse: o. J. ZWW Lerneinheit 3.1.4., 4.
[62] Geißler: 1999, 173.
[63] Rademacher: o. J. ZWW Lerneinheit 3.1.5., 4.
[64] vgl. ebenda: o. J. ZWW Lerneinheit 3.1.5.,4.
[65] Geißler: 1999, 174.
[66] Menges: o. J. ZWW Lerneinheit 3.1.9., 3.

sind, versucht (werden sollte) und nicht in konzentrierter Form am Ende von Veranstaltungen."[67] Auch Menges (o. J.) versteht Transfer als Prozess, „… der bereits vor dem Seminar in die Planung einbezogen werden muss, der während des Seminars beginnt und schließlich nach einem Seminar für jeden einzelnen Teilnehmer konkret wird."[68] Ferner kann die Schlusssituation auch bereits der (gedankliche) Beginn einer neuen Veranstaltung sein, vor allem dann, wenn es sich um eine Reihe von Veranstaltungen handelt.[69]

4.1.4 Übergänge

Ein wesentliches Moment der dramaturgischen Gestaltung ist die Leistung von Übergängen. Übergänge beziehen sich sowohl auf die drei wesentlichen Moderationsabschnitte als auch für die gewählten Arbeitsschritte in der kleineren Form.

Ein Übergang ist dadurch gekennzeichnet, dass etwas Vorangegangenes abgeschlossen wird und etwas Neues beginnt. Die unterschiedlichen und ggf. auch zeitgleich wirkenden Funktionen eines Überganges sind also, ein Ergebnis zu sichern, ein Klima aufrecht zu erhalten, den Prozess im Fluss zu halten, den neuen Abschnitt inhaltlich und/oder emotional vorzubereiten.

Das kann bedeuten, dass es beispielsweise einen thematischen oder auch emotionalen Schnitt zum Abschluss des Vorangegangenen gibt oder auch, dass ein möglichst dichter Anschluss gestaltet wird. Übergänge sind zudem auch zu einem Großteil schlichtweg Pausen. Auch diese sind so zu gestalten, dass der Spannungsbogen erhalten, der Gruppenzusammenhalt gewährleistet und jeder Einzelne weiterhin ‚bei der Sache' bleibt.

---

[67] Geißler: 1999, 174.
[68] Menges: o. J. ZWW Lerneinheit 3.1.9., 3.
[69] vgl. Rademacher: o. J. ZWW Studieneinheit 3.1.5., 8 f.

Gleichzeitig sollen sie ihren Zwecken der Erholung, Auffrischung, Versorgung etc. genügen. Sie sind in den Abschluss und den Neubeginn zu integrieren.[70]

Übergänge finden darüber hinaus auch statt, wenn Teilnehmer aus ihrem Kontext kommend in die Veranstaltungssituation eintreten und umgekehrt, wenn sie sie wieder verlassen. Für Übergänge gelten also immer die grundlegenden Prinzipien der Anfangs- und der Schlusssituation:

Die Arbeitsschritte sind im Rahmen der Handlungsperspektive die nächst kleineren Einheiten nach den drei Moderationsteilen Anfangssituation, Arbeitsphase, Schlusssituation. Sie sollen im Folgenden näher analysiert werden.

4.1.5 Phasen und Arbeitsschritte

Wie aufgezeigt, wird in der Fachliteratur das Fortschreiten einer Moderation in einzelne Phasen und Arbeitsschritte zerlegt.

Die Anfangssituation wird so beispielsweise in die Teilschritte Begrüßung und Orientierung unterteilt.[71] Der zweite Teilschritt des Moderationszyklus umschreibt bei Seifert (2006) das ‚Sammeln' (S. 40). Es wird erarbeitet, „… welche Themen in dieser Sitzung bearbeitet werden sollen."[72] Es folgt der Schritt des Auswählens. Es wird dabei entschieden, in welcher Reihenfolge die Themen bearbeitet werden sollen. Der Teilschritt ‚Bearbeiten' verfolgt das Ziel, für konkrete Problemstellungen Lösungsideen zu entwickeln. Neuland (2003) sieht hier die Phase, Ideen und Informationen zu sammeln. Ideen werden produziert, Erfahrungen transparent gemacht (S. 202). ‚Maßnahmen planen' stellt den letzten ‚inhaltlichen' Arbeitsschritt

---

[70] vgl. auch Naber: o. J. ZWW Lerneinheit 3.5.5. Methoden zur Gestaltung von Pausen als Elemente des Moderationsprozesses.
[71] vgl. Seifert: 2006, 39.
[72] ebenda: 2006, 40.

des Moderationszyklus dar. Hier sollen Maßnahmen inhaltlich und zeitlich so konkret wie möglich formuliert werden.[73]

Bei Neuland (2003) steht hier die Phase des Bewertens, Konkretisierens und Entscheidens oder des Verarbeitens und Vertiefens (S. 206).

Seifert (2006) verweist darauf, dass die Arbeitsschritte ‚Einsteigen', ‚Sammeln' und ‚Auswählen' nur einmal stattfinden. ‚Bearbeiten' und ‚Planen' dagegen werden für jeden der Tagesordnungspunkte separat durchgeführt, wiederholen sich ggf. also mehrfach (S.33).

Der Arbeitsschritt des ‚Abschließens' gibt die Gelegenheit des „... zurückschauen und die gemeinsame Arbeit zu bewerten."[74] Es ist die Gelegenheit, den aktuellen Stand zu ermitteln und Anregungen für folgende Sitzungen zu ermitteln. Bei Neuland (2003) ist dies die Phase der Reflexion des Prozesses und der Ergebnisse (S. 207).

Bereits mit der Möglichkeit der Wiederholung von Arbeitsschritten in der Arbeitsphase wurde offenkundig, dass die Folgen nicht rein statisch und linear angelegt sein müssen.

Die ‚Dreiteilung' der Gesamtsituation allerdings scheint in ihrer Folge und Funktionsweise verbindlich. Allein die Zuordnung der Arbeitsschritte zu den drei Akten lässt darüber hinaus erkennen, dass die Arbeitsphase die zeitlich größte Ausdehnung hat. Allerdings wird betont, dass der Anfangssituation und der Schlusssituation ausreichend und angemessen Aufmerksamkeit und Zeit eingeräumt werden muss.[75]

4.1.6 Mehrstufige und mehrtägige Veranstaltungsfolgen

Mehrstufige Veranstaltungsfolgen zeichnen sich dadurch aus, dass zwischen zusammengehörigen Seminaren, Sitzungen oder Workshops seminar-, sitzungs- oder workshopfreie Zeiten liegen, die Teil-

---

[73] vgl. Seifert: 2006, 40 ff.
[74] ebenda: 2006, 44.
[75] vgl. Langmaack/Braune-Krickau: 2000, 157.

nehmenden also für einen längeren Zeitraum den Kontext der Veranstaltung verlassen. Mehrtägige Veranstaltungen dagegen können als zusammenhängende Einzelveranstaltung davon abgegrenzt werden.

Für beide Arten gilt, dass die genannten Strukturelemente jeweils gültig sind. Es ist davon auszugehen, dass jede Veranstaltung selbst - auch wenn sie Teil einer Folge von zusammenhängenden Veranstaltungen ist - eine geschlossene Einheit in sich darstellt. In den Zeiten zwischen den Einheiten wirken diverse Einflussfaktoren, die es erforderlich machen, dass jedes Treffen „... mit einem Anfang, mit inhaltlicher Arbeit und einer Abschluss- und Transferphase versehen werden ... "[76] muss. Ebenso gilt für eine mehrtägige Veranstaltung, dass jeder Tag mit einem Einstieg und einem Ausstieg zu gestalten ist.

4.2 Die Perspektive der Prozessebene

Die Perspektive der Prozessebene richtet die Aufmerksamkeit auf die Zwischentöne, auf die Dynamiken innerhalb der Gruppe und zwischen den Mitgliedern und Interaktionspartnern, auf das emotionale Geschehen der Gruppe und des Einzelnen.

4.2.1 Horizontale Prozessbeschreibungen

Seifert (2006) betont, dass das Gelingen des emotionalen Prozesses eine „Conditio sine qua non für den Erfolg der gemeinsamen Arbeit" (S. 45) darstellt. Er stellt den so bezeichneten ‚Sach-Phasen' (Einsteigen, Sammeln, Auswählen, Bearbeiten, Planen und Abschließen) die ‚Gruppen-Phasen' gegenüber. Diese sind die der Orientierung (und des Strukturierens), die des Arbeitens und die des Abschließens und beschreibt so einen horizontalen Prozess.[77]

---

[76] Rademacher: o. J. ZWW Studieneinheit 3.1.5., 9.
[77] Seifert: 2006, 45.

Langmaack/Braune-Krickau (2000) benennen vier Phasen in der Entwicklung einer Gruppe (S. 145). Sie sprechen von dynamischen ‚Gesetzmäßigkeiten', „... die sich im Prinzip unabhängig vom Thema und auch unabhängig von der Vorerfahrung der Teilnehmer einstellen."[78]

„Phase 1: Ankommen – Sich orientieren – Kontakt aufnehmen; Phase 2: Gährung und Klärung; Phase 3: Arbeitslust und Produktivität; Phase 4: Transfer, Abschluss und Abschied."[79]

Phase 1 ist gekennzeichnet von Ambivalenz. Die Ankommenden schwanken zwischen Distanz und Nähe, Anonymität und Sich-Zeigen, Anleitung brauchen und Abhängigkeit vom Leiter vermeiden, Neues erproben und auf Vertrautes verzichten, einzigartig sein wollen aber nicht als andersartig angesehen werden wollen. Die Phase ist so durch abwartendes Verhalten gekennzeichnet. Dabei haben alle einen gemeinsamen Nenner für ihr individuelles Verhalten. Es ist dies der Wunsch nach Orientierung. Jedes Individuum ist auf der Suche nach seinem Platz, seiner Rolle in der Gruppe. Hinzu treten die sehr individuellen Vorerfahrungen, die jeder als seine Geschichte mit einbringt. Phase 2 basiert auf einem Zuwachs an Vertrauen und Vertrautheit. Die neue Umgebung und die weiteren am Lernprozess Beteiligten sind sich nicht mehr so fremd. Die Situation hat einen Status von mehr ‚Normalität' erreicht. Die eigene Position ist klarer. Jeder Einzelne will nun seine Interessen einbringen. Damit wird die Unterschiedlichkeit von Interessen und Erwartungen deutlicher. Es gibt allerdings noch keine Entscheidungsregeln. Damit steigt das Konfliktpotential. Dazu trägt der Drang zur Selbstdarstellung bei. „Rivalität und Durchsetzungswille, Rollen- und Statusverteilung bzw. -behauptung in der Gruppe beeinflussen das Klima und seine Themen, die aus der psychosozialen Ebene aufsteigen."[80] In das Konfliktszenario sind alle Beteiligten eingebunden – Aggressivität kann sich auch gegen den Moderator / Leiter wenden. Die Gruppe hat ihre ers-

---

[78] Langmaack/Braune-Krickau: 2000, 145.
[79] ebenda: 2000, 145.
[80] ebenda: 2000, 149.

ten Krisen, die durch zeitweise Konfusion und gegenseitige Blockade ausgelöst werden. Hierdurch kommt es zu einem Wendepunkt: „Es wächst die Einsicht und Bereitschaft, Entscheidungsregeln zu finden, Rollen und Funktionen zu verteilen, akzeptable Normen für das Gruppenleben zu schaffen und unterschiedliche Fähigkeiten zu nutzen."[81] Die Gruppe beginnt sich zu organisieren, Unterschiede zuzulassen und ein gemeinsames Gruppenverständnis zu entwickeln. Konflikte dienen dabei, Beziehungen entstehen zu lassen. Die positive Gruppenbefindlichkeit nimmt zu. Aus dem Prozess entsteht eine kleine gemeinsame Geschichte der Gruppe. Im Ergebnis der zweiten Phase hat sich die Gruppe sozial organisiert. Phase 3 ist nun geprägt von Arbeitslust und Produktivität. Die Gruppe hat das Bewusstsein entwickelt, „... dass man von einander lernen und so gemeinsam leichter und besser seine Ziele erreichen kann."[82] Die Gruppe ist arbeitsfähig geworden und erreicht die höchste Leistungsfähigkeit. „Die Themen der Sachebene können voll zum Zuge kommen und haben aus der psychosozialen Ebene eher Energie als Störung zu erwarten ... ".[83] Allerdings bleibt diese Phase nicht frei von Krisen. Interne Konflikte werden nicht automatisch verhindert, ihre Lösung sollte allerdings erleichtert sein. In dieser Phase „wiederholen sich in kleinen zyklischen Prozessen auch die vorangegangenen Phasen. Jeder neue Tag z. B. ist ein neuer, kleiner Anfang."[84] Diese Mini-Zyklen innerhalb der dritten Phase ergeben sich auch durch neue Aufgaben oder neue Gruppenzusammenstellungen (beispielsweise Kleingruppen). Phase 4 bezieht sich auf die Elemente Transfer, Abschluss und Abschied. Das Ende der Gruppe ist in der Regel vorgegeben – entweder durch das Erreichen des Ziels oder durch Ablauf der vorgegebenen Zeit. Es geht dabei einerseits um das Auseinandergehen der Gruppenmitglieder aber auch individuell bereits um die Antizipation der kommenden Situationen außerhalb der Gruppenarbeit. So, wie jeder seine Geschichte in die Gruppensituation mitge-

---

[81] Langmaack/Braune-Krickau: 2000, 151.
[82] ebenda: 2000, 153.
[83] ebenda: 2000, 154.
[84] ebenda: 2000, 154.

nommen hat, so bestimmen in der Abschlussphase bereits Aspekte außerhalb der Gruppe das individuelle Erleben. Diese beziehen auch Aspekte des ‚Noch-Nicht-Könnens' und die Reaktion der von der Veränderung Betroffenen ein. Die Schlussphase ist ähnlich der Anfangsphase durch relativ große Ungleichzeitigkeit bei den einzelnen Teilnehmenden gekennzeichnet. Die Abschlussarbeit sollte so angelegt sein, dass Distanz entstehen kann. Dabei helfen Auswertungsthemen in Bezug auf Inhalte und Prozess den Abstand zu gewinnen.[85]

Tuckman (1965) entwickelte ein viel zitiertes Grundlagen-Modell des Teambuildingprozesses, das den Gesetzmäßigkeiten von forming, storming, norming, performing folgt. (S. 384ff) Demnach umschreibt die Phase des forming den Prozess des sich Kennenlernens, sich Gegenseitigabtastens als Orientierung. Konflikte werden in der Regel vermieden. Bezogen auf die Arbeitsfähigkeit ist die Enervierung hoch, die Leistungsfähigkeit jedoch noch eher gering. In der Phase des storming entsteht Wettbewerb unter den Teammitgliedern, es entstehen Konflikte – offen oder verdeckt. Diskussionen über das Vorgehen oder die Methoden werden geführt. Die einzelnen Teammitglieder suchen ihre Position. In dieser Phase sinkt die Leistungsfähigkeit rapide. Sind die Konflikte ausgetragen, organisiert sich das Team. Teamregeln werden implizit oder explizit festgelegt und die Arbeitsleistung steigt an. Performing ist die Phase der Arbeitsfähigkeit des Teams. Die Leistungen sind effizient und erreichen das höchste Niveau.[86] Dieses Modell weist Parallelen zum Modell bei Langmaack/Braune-Krickau auf. Besonders bezogen auf die bei Langmaack/Braune-Krickau beschriebenen Wiederholungs- ‚Minizyklen' erscheint dieses Modell besonders dann gut zu greifen, wenn der Prozess des forming als voran stehend und storming, norming und performing als sich wiederholende Ereignisse aufgefasst werden.

---

[85] vgl. Langmaack/Braune-Krickau: 2000, 145 ff.
[86] vgl. ergomedia: Phasen der Teamarbeit. O.J. (online) URL: www.ergomedia.de/planen /teamarbeit.html (Stand: 01.04.2007)

4.2.2 Vertikale Prozessbeschreibung

Den horizontalen Betrachtungen gegenüber steht als vertikale Veranschaulichung das Dreiebenenmodell bei Geißler (1999) mit der Ebene der Sachlogik (Inhaltsaneignung und Inhaltsgestaltung), der Ebene der Soziologik (Gruppenzusammensetzung und Gruppenentwicklung) und der Ebene der Psychologik (Einzelpersonen und ihre Veränderungen) (S. 17 ff.). Die Ebene der Sachlogik wird im Rahmen dieser Arbeit an nachfolgender Stelle, der Perspektive der Sachebene, bearbeitet werden. Die Ebene der Soziologik stellt heraus, dass inhaltliches Lernen erst möglich ist, wenn erst Orientierung gegeben wurde, wenn die Gruppe als erstes arbeitsfähig werden konnte. „Gruppen haben eine Interaktionsdynamik, die sich aus dem soziologischen Prozeß (sic) ihrer Entwicklung ergibt. Das heißt, der Stand der jeweiligen Gruppenentwicklung beeinflusst den Lehr-/Lernprozeß (sic) entscheidend in Hinblick auf dessen Erfolg."[87] Die Ebene der Soziologik fordert die Leistung der Beziehungsarbeit. Sie rekuriert „… auf das soziale Geschehen und die soziale Dynamik in der Gruppe als eigenständige Qualität."[88] Die Ebene der Psychologik bezieht sich auf die Unterschiedlichkeiten der Lernenden im Prozess des Lernens, auf die Individualität jedes einzelnen Teilnehmers und jeder Teilnehmerin. Sie fordert, die sozialen Steuerungs- und Gestaltungsaktivitäten auch individualisierend auszurichten[89] und die „… Akzeptanz und Förderung von individuellen Besonderheiten."[90]

4.2.3 Konflikte

Als wesentlich dynamisierendes Element innerhalb der Zyklen, Phasen oder Ebenen aber auch als eigenständiges Phänomen sind Konflikte zu betrachten. Wie bereits erwähnt, dienen Konflikte dem Beziehungsaufbau. Unter Konflikt wird dabei „… eine Störung (verstan-

---

[87] Geißler: 1999, 18.
[88] ebenda: 1999, 27.
[89] vgl. ebenda: 1999, 19.
[90] ebenda: 1999, 28.

den), die zwischen mindestens zwei Menschen auftritt und die dazu führt, dass der ‚Gegenstand' der Diskussion auf der Sach- und/oder Beziehungsebene nicht zur Zufriedenheit aller Beteiligten gelöst werden kann."[91] Konflikte unterliegen dabei einer eigenen Dynamik und haben unterschiedliche Intensitäten. Es werden verdeckte und offene Konflikte unterschieden. Demnach wird der verdeckte Konflikt nicht offen gezeigt, kann zunächst in seiner Intensität gering sein, sich aber soweit aufbauen, dass er als offener Konflikt offensichtlich wird und einen Status hoher Intensität erreichen kann.[92] Ursachen können Missverständnisse, unterschiedliche Zielvorstellungen, eine (scheinbare) Unlösbarkeit von Aufgaben, eine persönliche Frustration, unterschiedliche persönliche Bedürfnisse oder ein ungünstiges Kommunikationsverhalten sein. Dabei können Konflikte für den Prozess wiederum konstruktiv genutzt werden.[93] Sie sorgen dafür, dass Individuen sich offenbaren und somit charakterisieren. Auftretende und durchlebte Konflikte erzeugen Beziehungen, schaffen persönliche und gemeinsame Geschichten. Konflikte tragen zu Klärungen bei, fordern Entscheidungen und geben der Gruppe und dem Geschehen unter dramaturgischen Gesichtspunkten jeweils eine neue Wendung. „Konflikte sind das Salz in der Suppe des zwischenmenschlichen Lebens. Sie nerven, aber ohne sie gibt es keinen Fortschritt."[94]

4.2.4 Intervallveranstaltungen

Für die bereits unter 4.1.6 beschriebenen Intervall-Seminare – also Seminare, die eine Folge einzelner Veranstaltungen bei gleicher Thematik oder Gruppenkonstellation darstellen – gilt eine eigene Dynamik. Besonders die Zwischenzeiten sorgen dafür, dass „... Erfahrungen aus dem aktuellen Alltagsgeschehen der Teilnehmenden direkter und unmittelbarer und vor allem häufiger in die Arbeit der

---

[91] Etringer/Moser: o. J. ZWW Studieneinheit 3.1.8., 4.
[92] vgl. Seifert: 2006, 64.
[93] vgl. Etringer/Moser: o. J. ZWW Studieneinheit 3.1.8., 9.
[94] Redlich: 2004, 13.

Gruppe ... "[95] eindringen als bei längeren Workshops. Die Arbeitsergebnisse werden nach jedem Treffen zudem nach außen getragen – ggf. auch nur fragmentarisch. Für die Gestaltung heißt dies, dass - unter der Prämisse, dass jede Einzelveranstaltung wie auch die Gesamtheit der Veranstaltungen eine abgerundete Gestalt haben sollen – jede Einzelveranstaltung neben der Arbeitsphase und Schlussphase auch eine Anfangsphase und eine Transferphase beinhalten muss. Die Anlaufphase greift u. a. wichtige Ereignisse der Zwischenzeit auf, der Transfer sichert den Anschluss für die Folgesitzung.[96]

Mit den Ausführungen wurden die Bedingungskriterien für die Dynamiken aus der Perspektive der Prozessebene beleuchtet. Neben individualpsychologischen Gesichtspunkten wurde deutlich, dass die Gruppendynamik bestimmten eigenständigen, zyklischen Gesetzmäßigkeiten folgt. Ein Zusammenführen dieser Prozesse mit der Ablaufanalyse der Handlungsebene ergibt, dass dort insbesondere der erste und der dritte Teil diesen Dynamiken in ihrer Gesamtheit unterliegen. Der zweite Teil, die Arbeitsphase, wird durch die Ergebnisse der Prozesse in der Anfangsphase bestimmt. Auch hier laufen allerdings in den einzelnen Arbeitsschritten oder auch asynchron zu diesen die genannten Zyklen isoliert und jeweils neu als Mini-Zyklen ab. D. h., die Arbeitsphase wird nicht nur durch den Gesamtzyklus der Anfangsphase beeinflusst sondern beinhaltet diverse weitere dynamische Prozesse, die ebenfalls jeweils den beschriebenen Phasen folgen können. Der Schlusteil kann dagegen als umgekehrter Prozess verstanden werden. Während es zu Beginn des Zusammenkommens darum ging, die Gruppe zusammen zu führen, die Gruppe sich hier finden wollte und sollte, geht es im Schlussteil auf der Prozessebene darum, den direkten Zusammenhalt der Gruppenmitglieder wieder aufzulösen und die Individuen in ihre jeweils individuelle Befindlichkeit und Situation zurück zu führen und zu entlassen. Darüber hinaus konnte verdeutlicht werden, dass Konflikten als Bezie-

---

[95] Langmaack/Braune-Krickau: 2000, 158.
[96] vgl. ebenda: 2000, 159.

hung formende Elemente eine wesentliche Treiberkraft auf der Prozessebene zukommt.

Bereits mit der vertikalen Betrachtung wurde der direkte Bezug der beiden Elemente Soziologik und Psychologik auf der Prozessebene zur Sachebene benannt. Auch u. a. Seifert verweist auf die Verwobenheit der Prozess- und der Sachebene. Im Folgenden soll daher als nächstes die Perspektive der Sachebene eingenommen werden.

4.3 Die Perspektive der Sachebene

4.3.1 Inhalte

„Wenn Menschen in Lern- oder Arbeitsgruppen zusammenkommen, haben sie immer offizielle und inoffizielle Anliegen sowie Interessen und Ziele, die den Grund ihres Zusammenkommens bilden."[97]

Bereits auf der Handlungsebene wurden die diversen Einheiten von Anfangssituation, Arbeitsphase und Schlusssituation sowie die Modelle zu Arbeitsschritten und Phasen erläutert.

Herausgestellt wurde, dass die Funktionalität der Anfangssituation zu einem wesentlichen Teil die der Orientierung und der Strukturierung erfüllt. Für moderierte Gruppensitzungen werden diese inhaltlich gefasst als: ‚Begrüßung', ‚Zeiten- und Organisations-Übersicht', ‚Kennenlernen', ‚Erwartungen',[98] sowie ‚Ziele'[99]. Eine Begrüßung kann von einer kurzen verbalen Formel über ein Begrüßungs-Flip bis hin zu einer Eingangsgeschichte reichen.[100] Integriert in die Begrüßung kann die Zeiten- und Organisationsübersicht sein. Das ‚Kennenlernen' wiederum kann von der einfachen Vorstellungsrunde oder

---

[97] Langmaack/Braune.Krickau: 2000, 102.
[98] vgl. Klein: 2003, 13 ff.
[99] vgl. Neuland, 198.
[100] vgl. Klein, 14 f.

spielerischen Elementen wie Namensketten u. a. über Partnerinterviews bis hin zu Methoden der Suggestopädie reichen.[101]

Erwartungen und Ziele stellt Neuland (2003) in einen direkten Zusammenhang. Sie betont, dass das Ziel die weitere Vorgehensweise der Gruppe und des Moderators wesentlich bestimmt. Sie unterscheidet zwischen Zielen unterschiedlicher Ebenen: der inhaltlichen und der persönlichen. Dabei entsprechen die persönlichen Ziele den Erwartungshaltungen. Sie postuliert, dass Ziele nur in der Schnittmenge zwischen den beiden Ebenen erreichbar sind. Im Idealfall sieht sie die beiden Ebenen als deckungsgleich (S. 198f). Das Ziel einer Moderation gilt es zu vereinbaren. D. h., auch wenn das Ziel der Sitzung bereits aus der Einladung bekannt sein sollte oder wenn es bereits thematisiert wurde, „... so ist es vor Beginn der eigentlichen inhaltlichen Arbeit unverzichtbar, über das genaue Ziel der Veranstaltung in der Gruppe Einverständnis herzustellen."[102] Dabei muss das erarbeitete Ziel drei Mindestanforderungen genügen: „Es sollte von allen Gruppenteilnehmern gleichermaßen verstanden werden. ... Es sollte von allen Teilnehmern der Sitzung akzeptiert, zumindest jedoch nicht konterkariert werden. ... Es sollte in der zur Verfügung stehenden Zeit zu bearbeiten sein. ..."[103]

Das Erfragen und Thematisieren von Teilnehmererwartungen (und damit verbunden auch Teilnehmerbefürchtungen) wird allerdings auch kritisch gesehen. „Werden Erwartungen genannt, besonders solche, die eventuell vom geplanten Kurskonzept abweichen, stehen solche unter einem extremen Begründungsdruck. Die notwendige inhaltliche Begründungsleistung kann aber erst dann erbracht werden, wenn wenigstens eine minimale soziale Orientierung erfahren wurde, wenn keine Ungewißheit (sic) mehr über die Folgen von möglichen Abweichungen besteht. Ansonsten richten sich die Aussagen

---

[101] vgl. Klein: 16 ff.
[102] Hartmann, Rieger, Auert: 2003, 64.
[103] ebenda: 2003, 65.

der Teilnehmer bezüglich der Erwartungen vorwiegend an der ‚sozialen Erwünschbarkeit' ... aus."[104]

Klein (2003) konstatiert ebenfalls, dass der Part Erwartungsabfrage nicht unproblematisch ist. Dennoch sieht sie hier wesentliche dafür sprechende Gründe, diesen Teil immer wieder aber auch nicht immer anzubieten. Diese sind bspw. die Möglichkeit, zu erkennen, inwieweit überhaupt konkrete Vorstellungen vorliegen, Erwartungen auf ihre Realisierbarkeit zu überprüfen, Wünsche und aufkommende Ideen mit in die Gestaltung einzubeziehen, für die Teilnehmenden, zu reflektieren und zu klären, was sie lernen oder aus der Veranstaltung mitnehmen wollen.

Mit der Klärung der Erwartungen wird zudem die Aufmerksamkeit auf bestimmte Fragestellungen geschärft und werden die Teilnehmenden aktiviert (S. 36 f.).

Als weiterer inhaltlicher Punkt der Anfangssituation wird die Möglichkeit der Verabredung von Regeln genannt.[105] Schilling (2005) erläutert, dass Spielregeln das gemeinsame Arbeiten erleichtern. Allerdings sind Spielregeln – sofern sie vereinbart wurden - aktiv anzuwenden und der jeweiligen Situation anzupassen. Darüber hinaus besteht die Möglichkeit, den Kanon im Laufe des Prozesses durch neue Regeln, Ergänzungen, Neuformulierungen oder Streichungen anzupassen. Die Spielregeln – die auch ‚Seminarleitlinien' oder anders benannt werden können – können alternativ oder übergreifend für die Moderation, die mündliche Diskussion oder die schriftliche Form der Arbeit gelten (S. 29f). Seifert (2006) nennt als ‚Standardregeln' mit ‚Beispielcharakter': Störungen haben Vorrang! Jeder ist für den Erfolg (mit-) verantwortlich! Sprich für dich – nicht für andere! Es spricht immer nur einer zur gleichen Zeit! Sprich zu den Anwesenden, nicht über sie! Fasse dich kurz! Darüber hinaus empfiehlt er, sich bei Regeln zu beschränken und diese zu vereinbaren. Die Entscheidung, ob eine Regel vorab eingeführt werden sollte ergibt sich aus

---

[104] Geißler: 2005a, 79.
[105] vgl. Seifert: 2006, 39.

den Fragen: Ist die Regel verzichtbar? Und: Ist die Regel verstehbar? (S. 54–60).

Inhalte der Arbeitsphase sind Formen von Informationseingaben und/oder Interaktionseinheiten. Die Informationseingabe reicht vom Vortrag bis zur Präsentation, von Arbeitsblättern bis zu Wandzeitungen und Ausstellungen.

Interaktionen folgen der Themenbearbeitung und der Diskussion sowie wiederum der Präsentation und vergleichbaren Formen von, in und für Kleingruppen bis hin zum Plenum.[106] Auf diese Aspekte beispielsweise der Arbeitsform wird aus der Perspektive der Methodenebene eingegangen.

Die Inhalte der Arbeitsphase nach dem Moderationszyklus bei Seifert betreffen nach dem Sammeln von Themen und der Festlegung der Reihenfolge, in der sie bearbeitet werden sollen die Bearbeitung sowie anschließend die Ableitung eines konkreten Maßnahmenplanes.[107]

Themen der Abschlusssituation bzw. der Endphase sind mit den folgenden Aufgaben verknüpft: „Themen sind auf der sachlichen Ebene zum Abschluss zu bringen und emotional einzuordnen - der Transfer hinaus in den beruflichen und privaten Alltag ist zu gestalten und auf seine Durchführbarkeit zu überprüfen - organisatorische und administrative Fragen sind noch zu klären -das Seminar als Ganzes ist auszuwerten in Bezug auf Inhalt, Prozess, Leitung etc. – die Teilnehmenden wollen Abschied voneinander nehmen – der Weg nach Hause muss angetreten werden."[108] Die Abschlusssituation kann dabei spiegelbildlich zur Eingangssituation verstanden werden. Sie ist inhaltlich ein Abgleich des Lehr-, Lern-, Arbeitskontraktes, der zu Beginn geschlossen wurde. Darüber hinaus bietet die Schlusssituation den Raum zur Reflexion der sozialen Bindungen und der persönlichen

---

[106] vgl. Klein: 2005, 59 ff.
[107] vgl. Seifert: 2006, 40 ff.
[108] Langmaack/Braune-Krickau: 2000, 237 f.

Einschätzung – dies wird im Wesentlichen über das Feedback geleistet.

4.3.2 Thema und Themen

Dem Verlauf der Handlungsebene nach folgt auf diese Inhalte die ‚Themensammlung', ‚Themenfindung' und/oder ‚Themenbearbeitung'. Als Thema für moderierte Gruppensitzungen wird dabei der Teilaspekt eines Gesamtanliegens bezeichnet, um den sich die Gruppe gerade zentrieren will oder soll.[109] Dazu gehören also sowohl die Lösung von Sachaufgaben wie auch die Bearbeitung persönlicher Beziehungen, die Klärung von Beziehungen oder das Durcharbeiten von Lern-, Arbeits- und Diskussionsstoff. Dabei muss Moderation im Besonderen auch berücksichtigen, welche unterschiedlichen Bedeutungen ein Thema für einzelne Teilnehmer hat und welche Emotionen mit dem Thema verbunden sind.[110] Das Thema folgt also einerseits einem sachlogischen Zusammenhang und steht darüber hinaus im Wirkungsgeflecht mit der psychologischen und der soziologischen Ebene.

Auf soziologischer Ebene „..... wird (es) als Mittelglied zwischen Individuum und Gruppe behandelt. Wenn alle Personen, jeder in seiner Art, sich zur gleichen Zeit auf denselben Inhalt eines Themas beziehen, ist der Zusammenhalt der Gruppe erreicht."[111] Für die psychologische Ebene gilt, dass das Thema ausreichend Aufmerksamkeit erzielen und einen Bezug zum individuellen Anliegen des Einzelnen herstellen muss.

Die Themenformulierung und –findung ist somit mit entscheidend für den Erfolg einer moderierten Gruppensitzung. „Die Thematisierung in Moderationen ist ... ein komplexer Prozess, der sowohl mit Kompetenzen als auch mit Verfahren und vor allen Dingen mit der

---

[109] vgl. Langmaack/Braune-Krickau: 2000, 103.
[110] vgl. Graeßner: o. J. ZWW Lerneinheit 3.3.3., 5.
[111] Cohn: 2004, 117.

Freiheit der Teilnehmenden zu tun hat."[112] Das Thema knüpft den ‚roten Faden' und wirkt als verbindendes Glied zwischen den Prozessteilen. Es ist dabei ausschlaggebend, ob das Thema „... als produktiv oder langweilig empfunden wird, ob ihm eher Zustimmung der Teilnehmenden oder Ablehnung zuteil wird."[113]

Graeßner (o. J.) stellt wesentliche Kriterien der Themenfindung und Themenvereinbarung heraus: „Bekanntes und Neues mit einem Thema verbinden: ... Das Thema wird anziehend durch eine gute Balance von Bekanntem und Neuem. Offen für unterschiedliche Zugänge: jeder (sic) sieht das Thema aus seiner Sicht ... Das heißt, dass es ... viele unterschiedliche Zugänge zum Thema gibt, die weitgehend zugelassen werden sollten. Das Thema soll fordern, nicht überfordern ... Das Thema ist noch nicht die Antwort: im Thema soll nicht schon das Resultat vorweggenommen sein. Themen handlungsorientiert formulieren: ... Das Thema soll öffnen und abgrenzen zugleich: Das Thema muss offen formuliert sein ... (aber nicht zu breit angelegt sein, damit die Gruppe nicht Gefahr läuft, nicht konstruktiv das Ziel anzustreben), Klare Begrifflichkeit: ... Themen sind Schritte zum Handeln: Verben im Thema beleben mehr als zu viele Substantive."[114]

Die Bearbeitung von Themen wiederum folgt einer auf sachlogischen Gründen aufeinander aufbauenden Schrittfolge.[115] Für die Bearbeitung eines Problems sind diese exemplarisch: „Erkennen des Problems, Benennen des Problems, Differenzieren des Problems, Bewerten des Problems, Entscheiden über die Herangehensweise an das Problem, Angehen des Problems, Entwickeln von Alternativen der Problembearbeitung, Einschätzen der Alternativen, Entscheiden für Lösungsweg(e), Planen der Umsetzung der Entscheidung, Umsetzen der Entscheidung, Überprüfen der Entscheidung."[116]

---

[112] Graeßner: ZWW Lerneinheit 3.3.3.: o. J., 6.
[113] ebenda: o. J., 5.
[114] ebenda: o. J., 11.
[115] vgl. Geißler: 1999, 37.
[116] ebenda: 1999, 37.

Neben dem vereinbarten Thema sowie ggf. bestimmten Unterthemen einer Moderation können im Verlauf Ereignisse, Verfahren, Erlebnisse etc. thematisiert werden. So kann bspw. eine Störung je nach Intensität zu einem kleineren oder auch größeren Thema werden. Es können aber auch Zwischenabgleiche von Zielsetzungen und Erwartungen zu Erreichtem oder nicht Erreichtem eingeschoben sein.

Mit den Darstellungen der Sachebene konnten als wesentliche Elemente der dramaturgischen Gestaltung die Aspekte der Orientierung und Strukturierung, der Zielsetzung und Erwartung sowie die des Themas erläutert werden. Im Folgenden richtet sich der Blick auf methodische Aspekte, auf die Art und Weise, in der Inhalte vermittelt bzw. erarbeitet werden. Die Perspektive der Methodenebene rückt die Arbeitstechniken, Instrumente, Verfahrens- und Handlungsweisen in der Moderation in das Blickfeld.

4.4 Die Perspektive der Methodenebene

Aus der Perspektive der Methodenebene sind zu unterscheiden: ‚Moderation als Methode', ‚Methoden der Moderation' sowie ‚Instrumente der Moderation'.

4.4.1 Moderation als Methode

„Bei Moderation handelt es sich ... um eine Methode, mit der Arbeitsgruppen unterstützt werden können, ein Thema, ein Problem oder eine Aufgabe, auf die Inhalte konzentriert, zielgerichtet und effizient, eigenverantwortlich, im Umgang miteinander zufrieden stellend und möglichst störungsfrei sowie an der Praxis orientiert zu bearbeiten."[117]

Als Methode fußt Moderation zu einem wesentlichen Teil auf der von Ruth Cohn entwickelten ‚thematisch interaktionellen Methode'. „Die

---

[117] Hartmann, Rieger, Auert: 2003, 16.

(thematisch interaktionelle) Methode hat eine definitive Struktur. ... Die Anzahl der Zusammenkünfte, Zeitspanne und Ort der Arbeitsgruppe werden von vornherein festgelegt. Das Thema muß (sic) den Notwendigkeiten oder Interessen der Gruppe entsprechen ... Der Inhalt sowohl wie der Titel des Themas sind von Wichtigkeit. ... Jede Gruppeninteraktion enthält drei Faktoren, die man sich bildlich als Eckpunkte eines Dreiecks vorstellen könnte: 1. das Ich, die Persönlichkeit; 2. das Wir, die Gruppe; 3. das Es, das Thema. Dieses Dreieck ist eingebettet in eine Kugel, die die Umgebung darstellt, in der sich die interaktionelle Gruppe trifft. ... Die thematisch interaktionelle Methode befaßt (sic) sich mit den Beziehungen der >Dreieckspunkte< zueinander und ihrer Einbettung in die ‚Kugel'. Der Reichtum dieser einfachen Struktur wird offensichtlich, wenn man die komplexe Natur des Ichs als eine psycho-biologische Einheit ansieht, das Wir als Zwischenbeziehung aller Gruppenmitglieder, und das Thema als die unendlichen Kombinationen aller in Frage kommenden konkreten und abstrakten Faktoren."[118] Das so beschriebene Prinzip einer dynamischen Balance verdeutlicht die Notwendigkeit, Gegenpole einzubeziehen. Dabei werden Gegenpole nicht als Widersprüche sondern als Spannungspole betrachtet. TZI verbindet Methode mit Haltung zu einer untrennbaren Einheit und kann weder ohne eine entsprechende humanistische Grundhaltung noch nur rein methodisch verstanden werden.[119] Die TZI-Axiome zu ‚Ganzheitlichkeit des Menschen', ‚Freiheit und Verantwortung', ‚Menschlichkeit und Schutz der Schöpfung' sowie die TZI-Postulate: „Sei Dein eigener Chairman!" und „Störungen haben Vorrang!" finden in der (moderierten) Gruppenarbeit Ausdruck: So in der ganzheitlichen Beachtung der gleichgewichtigen Bedeutung des Selbst, des Miteinander und der Interaktion in einem Bezug zur Welt. Die Realität des Umfeldes wird als Entscheidungsinstanz für die Umsetzung und Beibehaltung der Gruppenergebnisse erkannt. Die Leitung ist auf die Förderung der Kompetenzen des Einzelnen ausgerichtet und entwickelt Sensibilität sich selbst und anderen gegenüber. Jede

---

[118] Cohn: 2004, 113 f.
[119] vgl. Neuland. 2003: 81 f.

Einheit steht unter einem ausdrücklichen Thema. Die Arbeit zeichnet sich durch gelebte Wertschätzung der Andersartigkeit und der Vielfalt der Meinungen und Erfahrungen aus. Sie strebt die Balance zwischen Autonomie und Einschränkung an.[120] Eine Reihe grundlegender Regeln von moderierten Gruppenarbeiten fußen auf den Prinzipien der TZI. Für die Moderation entwickelte Methoden und Arbeitstechniken finden ihren Rückbezug im Konzept der TZI und lassen sich hieraus erklären oder ableiten.

4.4.2 Methoden der Moderation

Als Methoden der Moderation sollen „helfende Verfahrensweisen"[121] bezeichnet werden. Diese Verfahrensweisen sollen geeignet sein, „… in einzelnen Veranstaltungen oder einer sich regelmäßig treffenden Gruppe: vorhandenes Interesse zu verstärken, Informationen … ‚ankommen' zu lassen, eigene Einfälle und Ideen zu fördern, das wechselseitige Gespräch zu fördern, die Auseinandersetzung mit verschiedenen Themen anzuregen, gemeinsames Tun in Gang zu bringen."[122]

Als tragende Säulen der Moderation benennt Schilling (2005) zum einen die ‚Visualisierung' und zum anderen ‚Fragen'. Beide Bausteine sieht er als gemeinsame Elemente jeder einzelnen Moderationstechnik. So wird der Arbeitsablauf in allen Schritten von der Ideenentwicklung bis zur Präsentation laufend verschrift- oder verbildlicht, das heißt mitvisualisiert und grundlegend gilt die fragende Haltung des Moderators (S. 19).

Die grundsätzlich visuelle Unterstützung des Arbeits- und Lernprozesses bezeichnet Neuland (2003) als eine Art ‚Markenzeichen'. Durch die Visualisierung entfaltet die Methode ihre Vorteile, wesentliche Elemente wären ohne Visualisierung nicht anwendbar (S. 155). Als Vorteile für den Gruppenprozess nennen Klebert/Schrader/

---

[120] vgl. Langmaack(Braune-Krickau: 2000, 95 f.
[121] Knoll: 2003, 12.
[122] ebenda: 2003, 12.

Straub (2006): „Visualisierte Aussagen erleichtern eine gleiche Interpretation bei allen Teilnehmern und erhöhen die Chance, Probleme konkreter zu diskutieren und alle Teilnehmer auf einen gemeinsamen Punkt zu konzentrieren. Die Visualisierung zwingt den Darstellenden zu einer Selektion zwischen wesentlichen und unwesentlichen Informationen. Dadurch wird die Aufnahmekapazität der Teilnehmer nicht überfordert. Verbal schwierig zu erklärende Sachverhalte sind durch die Unterstützung der Visualisierung leichter zu vermitteln. Dadurch lassen sich Informationsgefälle einfacher ausgleichen. Visualisierungen ermöglichen es, Ergebnisse und Aussagen – für alle sichtbar – sofort darzustellen und festzuhalten, es entstehen so keine nachträglichen Schwierigkeiten bei Zusammenfassungen, Dokumentationen, Informationsweitergaben und Interpretationen" (S. 93). Die Visualisierung fördert, dass die Teilnehmer sich mit dem Ergebnis identifizieren: Beitrag und Entstehung des Ergebnisses sind für jeden sichtbar. Ziele der Visualisierung sind die Fokussierung der Aufmerksamkeit der Zuhörenden, der Einbezug der Betrachter, die Orientierungshilfe, Informationen leicht(er) verständlich zu machen, die Gesprächsstrukturierung. Visualisierungen sind kritisierbar und hinterfragbar. Es wird den Teilnehmenden eher möglich, sich zu bestimmten Aspekten zu äußern. Die Visualisierung ist zudem ein Element der Dynamisierung des Prozesses. Einerseits besteht die Möglichkeit, jederzeit das Produkt der Visualisierung zu ergänzen und/oder zu erweitern. Andererseits verlangsamt die Erstellung einer Visualisierung ggf. den Prozess es wird leichter für die Beteiligten, gedanklich zu folgen. Durch die unmittelbare Beteiligung der Gruppe an der Entstehung wird eine hohe Identifikation mit den Ergebnissen gefördert.[123] Visualisierung bietet die Möglichkeit der Gleichzeitigkeit ebenso wie den steten Einbezug zu jeder anderen Zeit, d. h. beispielsweise den Rückbezug zu Vorherigem oder den (Wieder-) Einstieg für temporär Abwesende sowie die Antizipation von Zukünftigem beispielsweise über Pläne etc.

---

[123] Vgl. Otto: o. J. ZWW Lerneinheit 3.4.3., 19.

Es sind diverse technische Regeln und Ausführungskriterien der Visualisierung entwickelt worden. Diese Elemente fallen im Wesentlichen in den Bereich der Gestaltung und werden im Zusammenhang mit Stil und Professionalität des Moderators im Kontext der Gestaltungsebene gesehen.

Deutlich wird, dass Visualisierung auch im Zusammenhang des TZI-Konzeptes seine Begründung erhält. Visualisierung als Prinzip drückt zum einen die Achtung und Wertschätzung jedes gegebenen oder potentiellen Beitrages aus und hilft andererseits, die Gruppe stets auf einen Themenbezug zu fokussieren. Gleiches gilt für das Prinzip der ‚fragenden Haltung'.

„Fragen geben Impulse, setzen Prozesse in Gang und finden Antworten auf Lösungen. Durch Fragen können Diskussionen ausgelöst und Ansichten dargestellt werden. ... Fragen sind (so) zu stellen, daß (sic) die Gespräche initiiert und am Laufen gehalten werden, jeder Teilnehmer sein Erfahrungs- und Wissenspotential einbringen kann, Transparenz über den Status quo der Gruppe herrscht, sie zielorientiert sind und die Vorgehensweise mit der Gruppe geklärt ist."[124] Fragen sind insbesondere geeignet: „... alle Teilnehmertypen zu erreichen und mit in die Diskussion einzubeziehen, Gespräche in eine bestimmte oder erwünschte Richtung zu lenken, Arbeits- und Gruppenprozesse in Gang zu bringen und nicht abbrechen zu lassen, Aufmerksamkeit zu erreichen, Teilnehmer anzuregen, sich (mehr) zu beteiligen, mehr Informationen zu bekommen."[125] Um diese Wirkungen zu entfalten ist es von Bedeutung, dass Fragen für alle transparent und verständlich sind, sie nicht zu lang und verschachtelt formuliert werden, alle Teilnehmer auf die Frage antworten und ihr Wissen einbringen können, die Fragen die Diskussion oder den Prozess nicht stoppen und Fragen Antworten provozieren können und dürfen. Fragen sind ein wesentliches Element der gesamten Kommunikationsgestaltung.[126]

---

[124] Neuland: 2003, 95.
[125] Naber: o. J. ZWW Lerneinheit 3.4.1., 5.
[126] vgl. ebenda: o. J., 5 f.

Neben den grundlegenden Methoden der Kommunikationsgestaltung in Form von Visualisierung und Fragetechnik gelten für die Moderation einige methodentypische Arbeitsinstrumente bzw. -techniken, die im Folgenden kurz skizziert werden.

4.4.3 Arbeitstechniken und -instrumente sowie Arbeitsformen

Neuland (2003) gibt einen Überblick über Arbeitstechniken der Moderation. Dazu zählen die ‚Präsentation' (als visualisierter Vortrag), die ‚Kartenfrage', die ‚Zuruffrage', das ‚Karten sortieren' oder ‚Clustern', ‚Listen', die ‚Mehrpunktfrage' als Form der Bewertung und Priorisierung, der ‚Maßnahmenkatalog' beispielsweise als Ergebnisprotokoll, die ‚Vernissage' als Aufnahme von Unklarheiten, bemerkenswerten Beiträgen, anderer Meinungen oder Ergänzungen. Hinzu tritt der Wechsel der Arbeitsform zwischen Plenum, Gruppenarbeit und Einzelarbeit (S. 101).

Malorny/Langner (2002) unterscheiden als Arbeitstechniken ‚Aufbereitungstechniken' wie bspw. die Matrix oder Portfolio, ‚Suchtechniken' wie bspw. das Brainstorming oder den Morphologischen Kasten, ‚Prognosetechniken' wie die Expertenbefragung und die ‚Bewertungstechniken' wie bspw. die Punktbewertungsmethode. Dazu kommen ‚grundlegende Gruppenarbeitstechniken' wie Rückkoppelungen (Feedback), Konfliktlösungen bspw. über Blitzlicht und das Bilden von ‚Untergruppen' (S. 35 ff.).

Von den Arbeitstechniken werden die Arbeitsformen unterschieden. Das Plenum gilt dabei als Grundarbeitsform in der Moderation. Hier werden alle entscheidenden Arbeitsschritte in der Gesamtgruppe durchgeführt. Alle einzelnen Moderationssequenzen führen wieder ins Plenum zurück. Das Plenum gilt als die Basis für Entscheidungen in der Gruppe, Präsentationen von Einzelergebnissen finden im Plenum statt. Aus der Gesamtgruppe heraus können zur Bearbeitung von Themen Kleingruppen gebildet werden. Damit erfolgt eine parallele Erarbeitung mehrer Lösungsansätze oder Ideen und Ergebnisse – was die Vielfalt an Möglichkeiten verbreitert und die Effektivität der

Gruppe steigert. Die individuellen Fähigkeiten, Erfahrungen und Neigungen kommen stärker zum Ausdruck. Neben die Kleingruppenarbeit treten die Partnerarbeit, d. h. die Arbeit in Zweiergruppen und die Einzelarbeit.

Für die Gruppenarbeit gilt ein Set an Grundregeln. Demnach sollte die Gruppengröße für Kleingruppen zwischen drei bis fünf Teilnehmern liegen, die Gruppenwahl sollte ungezwungen erfolgen (die Teilnehmer sollten selbst entscheiden, welches Thema sie bearbeiten wollen), die Arbeitsdauer sollte nicht länger als 45 Minuten betragen, 70% sollen visualisiert werden, inhaltliche Konflikte sollen dokumentiert, aber nicht ausdiskutiert werden.

Arbeitsergebnisse aus den Gruppen-, Partner- oder Einzelarbeiten werden im Plenum in der Regel als visualisierter Vortrag oder in Form einer Vernissage etc. präsentiert.[127]

Als ein weiteres grundlegendes Instrument der Moderation wurde bereits die Rückkoppelung oder das Feedback genannt. Fengler (2004) beschreibt Feedback kurz mit dem Vorgang der Rückbindung zwischen zwei oder mehreren Personen (S. 13). Er macht zudem deutlich, dass ein Feedback – dem Vier-Ohren-Prinzip von Schultz von Thun folgend – im Grundsatz vier Mitteilungen enthält: „sachlich nachprüfbare Beobachtungen, eine Äußerung über den Feedback-Geber selbst, eine Definition der Beziehungen zwischen ihm und dem Empfänger und eine Handlungsaufforderung an den Letzteren."[128] Dem Feedback werden diverse Funktionen zugewiesen. So beispielsweise die Funktion der Verhaltenssteuerung, die der Ermutigung, die der Fehlersuche, die der Förderung des persönlichen Lernprozesses, die der Steigerung der Motivation, die der Hilfe bei der Selbsteinschätzung, die des Bewirkens einer engen Verbindung mit der Aufgabe, die der Hilfe bei der Identifikation mit der Arbeitsumgebung, die der Hilfe bei der Einschätzung von Angeboten.[129] Für erfolgreiches Feedback gelten bestimmte Kriterien. „Im Allgemeinen

---

[127] vgl. Neuland: 2003, 224 ff.
[128] Fengler: 2004, 19.
[129] vgl. ebenda: 2004, 21.

ist es gut, wenn Feedback ... eher beschreibend als bewertend und interpretierend, eher konkret als allgemein, eher einladend als zurechtweisend, eher verhaltensbezogen als charakterbezogen, eher erbeten als aufgezwungen, eher sofort und situativ als verzögert und rekonstruierend, eher klar und pointiert als verschwommen und vage, eher durch Dritte überprüfbar als auf dyadische Situationen beschränkt (erfolgt)."[130]

Im Zusammenhang der Arbeitsformen wurde bereits darauf hingewiesen, dass die Ergebnisse von Kleingruppen den weiteren Gruppenmitgliedern/dem Plenum präsentiert werden. Schilling (2005) macht deutlich, dass der Schritt der Präsentation den Abschluss einer dreiphasigen Arbeit – nach den Schritten der Gruppenbildung und der Gruppenarbeit – bildet. Sie kann in ‚vortragender' oder ‚stiller' Form erfolgen (S. 89). Ergebnisse aus Kleingruppen – insbesondere aus Kleinstgruppen wie Lernpartnerschaften etc. – können auch in Form des Gesprächskreises quasi als persönliche Mitteilung präsentiert werden. Die Funktion der Präsentation ist die des Einbezuges aller in einzelne Arbeitsergebnisse oder Erkenntnisse und ein wesentliches Instrument der Moderation.

Zusammenfassend kann festgestellt werden, dass grundlegende methodische Elemente der moderierten Gruppensitzung die Visualisierung und die Kommunikationsgestaltung durch Fragen sind. Als weitere grundlegende Elemente sollen die Instrumente Präsentation und Feedback dem methodischen Rahmen zugeordnet werden. Dabei stehen formal und dem Wesen nach die Präsentation der Visualisierung und das Feedback der Kommunikationsgestaltung durch Fragen nahe.

Die einzelnen Instrumente oder Arbeitstechniken sind letztlich wieder zugeordnet zum einen der Arbeitsform und zum anderen der jeweiligen Arbeitsphase. So ordnet Klein (2003) ihre Methodenübersicht den drei Hauptteilen ‚Seminareinstieg', ‚Themenbearbeitung' und ‚Auswertung und Abschluss' zu und ergänzt ‚Gruppen-Auf-

---

[130] Fengler: 2004, 22.

teilungsspiele', ‚Seminarbegleitende Übungen', ‚Kleine Kreativ-Übungen fürs Gehirn' oder ‚Tipps für Teilnehmer' (S. 5). Seifert (2005) ordnet seinen Methodenkatalog ebenfalls den jeweiligen Moderationsschritten innerhalb des von ihm beschriebenen Moderationszyklus zu (S. 109 ff.). Ähnlich verfährt er mit einer besonderen Untergruppe von Methoden, den Spielen oder Games.[131] Knoll (2003) gliedert seine Entscheidungshilfen für die Auswahl von Methoden in ‚Methoden zur Erleichterung von Anfang und Einstieg', ‚Methoden zur Ergebnissicherung und -vermittlung', ‚Methoden für Auswertung und Nacharbeit' sowie ‚Methoden zur Erschließung von Inhalten', ‚Methoden zur Entwicklung von Beteiligung und Gruppenzusammenhang' (S. 101). Die folgende Grafik fasst die methodischen Elemente zusammen:

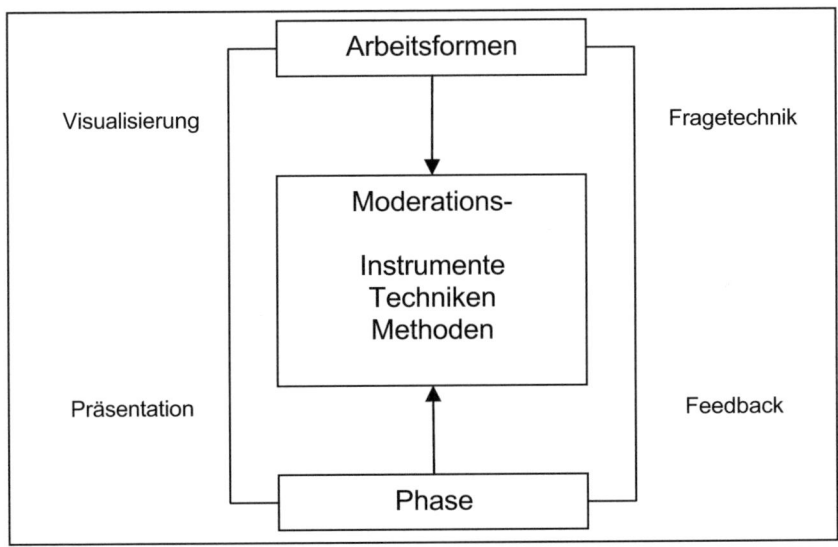

Abbildung 2: Methodenmodell

---

[131] Seifert: 2001, 18 ff.

4.5 Die Perspektive der Bezugsebene

Die Perspektive der Bezugsebene beleuchtet die Rahmenbedingungen der moderierten Sitzung. Zu den Rahmenbedingungen zählen zum einen die Form der Veranstaltung und zum anderen die organisatorisch-technischen Bedingungen. Die Veranstaltungsform bezeichnet dabei „... den jeweiligen Rahmen, innerhalb dessen sich Menschen bei einem Angebot der Erwachsenenbildung treffen."[132] Dieser Verlaufsrahmen bedingt dabei die Gestaltung der Arbeitsbeziehung zwischen den Teilnehmenden selbst und wirkt somit mit ausschlaggebend bspw. für die Auswahl der Methoden. Veranstaltungsformen sind bspw. in der Erwachsenenbildung das Seminar, der Gesprächskreis, der Arbeitskreis, der Vortrag oder der Kurs.[133]

Für die Moderation werden spezielle Moderationstypen benannt. Als Unterscheidungsmöglichkeit nennt Seifert (2003) die Kategorisierung methodischer Ausprägungen der Moderation in sogenannte ‚Offene Ansätze', denen gegenüber die ‚zweckgebundenen Ansätze' stehen (S. 80 ff.). Merkmale der offenen Ansätze sind eine „... maximale Partizipation zur Meinungs- und Willensbildung sowie Entscheidungsfindung in Organisationen, meist zu Themen der Optimierung. Es bleibt – im Rahmen eines Generalthemas – offen, was von der Gruppe, die sich zu diesem Thema trifft, bearbeitet wird."[134] Hierzu zählen die Metaplan®-Methode, die ModerationsMethode® und die MODERATIOnsMETHODE® sowie Open Space als besondere Form der Großgruppenveranstaltung. Zweckgebundene Ansätze geben dagegen vor, wofür sie genutzt werden sollen und können. Zu dieser Kategorie zählen Zukunftskonferenz, Konferenz des Wandels (RTSC) sowie Appreciative Inquiry.[135]

Neben der Veranstaltungsform ist weiter zu unterscheiden, aus welchem Anlass die Moderation stattfindet. Hier kann beispielsweise

---

[132] Knoll: 2003, 75.
[133] vgl. ebenda: 2003, 78 ff.
[134] Seifert: 2003, 81.
[135] vgl. ebenda: 2003, 80.

unterschieden werden nach Konfliktlösung, Problemlösung, Kreativmeeting, Ideenfindung, Besprechung u. ä. Der Anlass wiederum ist auch als Bindeglied zum Veranlassenden/zum Auftrag zu verstehen. Für eine Moderationssitzung kann von Bedeutung sein, wer die Veranstaltung initiiert hat. Es ist evident, dass es einen Unterschied macht, ob ein Teilnehmer sich aus Eigenmotivation zu einer Veranstaltung anmeldet oder, ob die Veranstaltung vorgegeben wurde. Die Erwartungshaltungen, Vorannahmen u. ä. werden in die Sitzung eingebracht und werden sich deutlich unterscheiden. Die Beauftragung selbst hat in ihrer Ausgestaltung ggf. ebenfalls Einfluss auf den Moderator und wirkt somit möglicherweise auch über den Moderator in die Veranstaltung mit ein. Schließlich spielen in die Situation Bedingungen des externen Kontextes mit hinein, die sich bspw. in einer Unternehmens- oder Organisationskultur ausprägen.

Neben den Faktoren Veranstaltungsform und dem Veranstaltungskontext wirkt für die Veranstaltung selbst der Rahmen der Inszenierung bzw. der Gestaltung der Lehr-, Lern- oder Arbeitssituation. „Die Lern- und Arbeitsumgebung beeinflusst den Menschen in besonderem Maße. Ein entscheidender Faktor ist die Wohlbefindlichkeit, an der sich die Gestaltung der Lern- und Arbeitsumgebung orientiert."[136] Hierzu zählen die Raumökonomie/Raumform und -bedarf, die Raumfunktionalität, die Raumgestaltung, Licht, Farbe und Architektur, Klima sowie schließlich und nicht zuletzt die Einrichtung der Räumlichkeiten und die Materialien und Technik.[137]

Die Bezugsebene umfasst also die Elemente Veranstaltungsform, Veranstaltungskontext und die Inszenierung. Diese Faktoren sind u. a. mitentscheidend für die Auswahl von Methoden und für deren Wirkungsweisen. Sie können somit als wichtige Komponenten der dramaturgischen Gestaltung angesehen werden.

---

[136] Neuland: 2003, 271.
[137] vgl. ebenda: 2003, 271 ff.

4.6 Die Gestaltungsebene

Die Ebene der Gestaltung rückt - als für diese Arbeit letzte Perspektive - den Moderator, die Moderatorin einer Moderationssitzung in den Fokus. Für Moderationen gilt, dass der Moderator die Sitzung konzipiert, vorbereitet und in einer spezifischen Verantwortung durchführt. Diese spezifische Verantwortung prägt die dem Moderator in der Sitzung zugewiesene Rolle.

Der Moderator wird charakterisiert als Methodenspezialist in Abgrenzung zum inhaltlichen Experten. Seine spezifische Verantwortung liegt darin, dass er sicher stellt, dass die Gruppe ein Ergebnis erarbeiten kann – die inhaltliche Qualität selbst liegt in der Verantwortung der Gruppe. Der Moderator steuert den Gruppenprozess.[138] Er wird als ‚neutraler Dritter' gesehen, als Experte für den Prozess, nicht für den Inhalt.[139] Seifert (2005) benennt den Stil des Moderators und konstatiert, dass die Art, die Gruppe zu leiten, durch eine spezifische Grundhaltung gekennzeichnet ist.[140] Diese Haltung wird mit Helfer oder auch Begleiter umschrieben. „Er ist für die methodische Bearbeitung der einzelnen Arbeitsschritte und die Ergebnissicherung verantwortlich. Mit Hilfe von Fragestellungen kann er den Moderationsprozess fördern. ... Der Moderator gestaltet ebenfalls ... die Lernumgebung und ist somit maßgeblich für den Erfolg oder Misserfolg einer Moderation mitverantwortlich."[141]

Die Rolle ‚Moderator' weist dem Inhaber der Rolle also spezifische Kompetenzen und Qualifikationen zu. Diese Zuweisung erfolgt einerseits funktional aus der Rolle heraus andererseits aber auch durch die Akzeptanz seitens der Gruppe. Graeßner (o. J.) stellt den Zusammenhang zwischen Kompetenz als Oberbegriff für Zuständigkeiten und Fähigkeiten einerseits und Akzeptanz als Ergebnis eines Billigungs- und Prüfungsprozesses andererseits durch die Gruppen-

---

[138] vgl. Seifert: 2005, 88.
[139] vgl. Seifert: 2006, 31.
[140] vgl. Seifert: 2005, 88.
[141] Schwabe: o. J. ZWW Lerneinheit 1.03, 12.

mitglieder heraus. Damit verdeutlicht er, dass Moderatoren in der Rolle wahrgenommen werden müssen, um Akzeptanz zu finden. Grundvoraussetzungen hierfür sind die Authentizität einerseits und die Performanz andererseits. D. h., entscheidend sind die Glaubwürdigkeit als eine Übereinstimmung von Reden und Tun (verkürzt für die Wahrnehmung von Authentizität des Moderators durch die Teilnehmenden) und zum anderen das Sich-in-Szene-Setzen des Moderators (verkürzt für Performanz als Möglichkeit zur Wahrnehmung durch die Teilnehmer). Graeßner stellt fest: „Die Authentizität eines Moderators, so hoch sie auch bewertet wird, ist in erster Linie eine Angelegenheit der Teilnehmenden. Diese entscheiden im Augenschein ihrer individuell gefilterten Beobachtung über die Authentizität, die somit im Grunde eine Sache des Glaubens und Für-wahrhaltens (sic) ist. … Daher wird das Vorhandensein oder Nichtvorhandensein von authentischem Verhalten als dauerhaft, stabil, im Grunde kaum korrigierbar angesehen. Das Problem für die Moderatorenrolle besteht darin, dass diese Zuschreibung vielfältig wirksam, jedoch vom Moderator selbst kaum korrigierbar ist. … Der professionelle Umgang mit der Wahrnehmung der Teilnehmenden liegt für den Moderator in seinem Auftreten selbst. Das, was von den Teilnehmenden beobachtet wird, ist entscheidend, aber darüber, was sie beobachten können, entscheidet der Moderator durch seine Aktionen (z. B. Regeln vergeben, entscheiden, fragen, strukturieren, visualisieren, reflektieren, Feedback geben, Metakommunikation organisieren etc.). … Performanz ist die Sache des Moderators."[142]

Wesentlich für die Wirkung des Moderators ist somit zum einen die grundlegende Haltung, zum anderen aber auch die authentische Verkörperung derselben in Wort, Handeln und Auftreten. Die Art und Weise, wie dies individuell durch die jeweils spezifische Persönlichkeit und Professionalität des geschieht, soll als Moderationsstil bezeichnet werden. Stil beschreibende Attribute können sein: humorvoll, phantasievoll, kompetent, kreativ, souverän, professionell, zielführend, wertschätzend, achtsam, empathisch etc. Zwei Stildimen-

---

[142] Graeßner: o. J. ZWW Lerneinheit 3.2.2., 9 ff.

sionen, zwischen denen sich Moderation bewegt, zeigt Schilling (2005) mit den Attributen direktiv und nondirektiv auf (S. 103). Diese Dimensionen zeigen ein quasi systemimmanentes Spannungsfeld der Rolle des Moderators auf, der einerseits eine Steuerungsfunktion und andererseits eine rein unterstützende Aufgabe innehat.

5. Die dramaturgische Matrix und ihre Relevanz in der Praxis

Mit den sechs Ebenen wurden sechs unterschiedliche Perspektiven eingenommen aus denen moderierte Sitzungen betrachtet wurden. Dabei konnten für die dramaturgische Gestaltung bzw. für den dramaturgischen Verlauf wesentliche Elemente identifiziert werden. Für die Perspektive der Handlungsebene hervorzuheben ist dabei die geschlossene Form, die sich in der Regel mit einer Dreiteiligkeit in Anfangssituation, Hauptteil und Schlusssituation beschreiben lässt. Die Funktionalität der Anfangssituation liegt im Wesentlichen in den Momenten der Orientierung, der Strukturierung und des Lernkontraktes, der Hauptteil ist durch die sachbezogene Arbeit am Thema bestimmt während die Schlusssituation den Funktionalitäten der Ergebnissicherung, des Transfers und des Abschieds folgt. Für die Perspektive der Prozessebene konnten als wesentliche Faktoren die Beziehungsarbeit und die Individualität sowie Konflikte und Krisen isoliert werden. Dabei gilt, dass Konflikte und Krisen sowohl zur Charakterisierung von Gruppenteilnehmern beitragen als auch die Gruppen in ihrem Zusammenhalt formen. Als zentrales Moment der Sachebene konnte das Thema herausgestellt werden. Eine wesentliche Bedeutung erhält das Thema aus dramaturgischer Sicht auch als das grundlegend verbindende Element, der rote Faden der Moderation, der nicht nur inhaltlich, sondern auch soziologisch und psychologisch wirksam ist. Für die Perspektive der Methodenebene wurden Visualisierung und Präsentation, Frage und Feedback sowie die spezifischen Moderations- und Arbeitstechniken als prägend benannt. Auf der Bezugsebene wurden Veranstaltungsform, -anlass, -kontext und die Inszenierung als die Gestaltung der Lern- und Arbeitsumgebung beschrieben. Schließlich konnte herausgestellt werden, dass auf der Gestaltungsebene dem Moderator mit den Stil prägenden Komponenten von Persönlichkeit und Professionalität eine entscheidende Rolle für die dramaturgische Gestaltung und den Verlauf von moderierten Sitzungen zukommt. Aus jeder der eingenommenen Perspektiven wird deutlich, dass jedes einzelne Element für sich Bedeutung hat, letztlich aber besonders im Zusammenspiel mit den anderen Elementen die Gesamtdramaturgie bestimmt. Von daher sollen die Elemente – in Analogie zu Parker – in einer Matrix zusammengefügt werden:

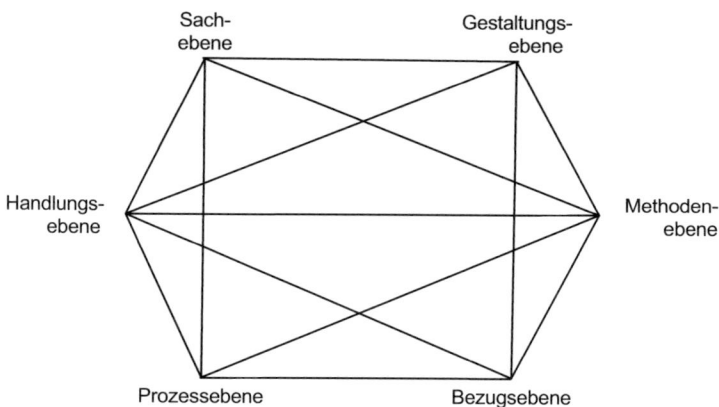

Abbildung 3: Dramaturgische Matrix

Unter 2.3 wurde Dramaturgie im Kontext moderierter Arbeitssitzungen als ‚Planungsinstrument, welches auf der Grundlage dramaturgischer Regeln den Ablauf der Veranstaltung ... detailliert beschreibt ...' definiert.

Die Planbarkeit von Moderationen wird in der Fachliteratur relativiert. „Moderation ist nicht durch und durch planbar, schon gar nicht erfahrungsorientierte Moderation. Moderation hat – in diesem Sinne – Ähnlichkeit mit einem Theaterstück; es ist eine Inszenierung von Lern- bzw. Arbeitsprozessen und von allen Beteiligten abhängig. Als Moderator kann man ... eine Moderation erstellen, aber der resultierende Lern- bzw. Arbeitsprozeß (sic) hängt von Faktoren ab, die man nicht alle gleichzeitig beeinflussen kann. Spontaneität ist ein wichtiges Moment." (Neuland: 2003, S. 212)

Die dramaturgische Matrix kann allerdings als Grundlage für eine dezidierte Vorbereitung von moderierten Sitzungen dienen. Dies kann insbesondere durch die Formulierung von Fragenkatalogen für die jeweilige Perspektive oder durch entsprechende Checklisten realisiert werden.

Unabhängig von der Planung – dies macht u. a. das obige Zitat von Neuland deutlich – entwickeln moderierte Sitzungen ihre eigenen Dramaturgien. Diese sind im Besonderen erst im Nachhinein erkennbar. Gerade hier entfaltet die in dieser Arbeit entwickelte dramaturgische Matrix ihre Stärken. Für die Reflexion des Moderationsverlaufs geben die sechs Ebenen eine umfassende Strukturierung und können so als Analyse- und Reflexionsinstrument von außerordentlicher Relevanz sein.

6. Schlussbetrachtung und Ausblick

In Kapitel 2 wurde auf der Basis der einschlägigen Literatur der Begriff der Dramaturgie für moderierte Sitzungen definiert. Es wurde im Folgenden dargestellt, wie der Begriff Dramaturgie im Zusammenhang des filmischen Erzählens verstanden wird. Daraus abgeleitet konnte ein Bezugsrahmen erstellt werden, der die Identifikation wesentlicher Elemente und Faktoren für die dramaturgische Gestaltung in der Moderation ermögliche. Die entwickelten sechs Perspektivebenen wurden schließlich in einer dramaturgischen Matrix zusammengefasst. Es wurde herausgestellt, dass diese dramaturgische Matrix sowohl für die Planung als auch für die Gestaltung von moderierten Sitzungen hilfreich sein kann. Zudem wurde darauf hingewiesen, dass eine besondere Stärke der Matrix in der Rückschau und Bewertung, also der Reflexion von moderierten Sitzungen liegt. Die Matrix ermöglicht eine detaillierte und strukturierte Analyse. Eine Ausarbeitung eines solchen Analyseinstrumentes war im Rahmen dieser Arbeit nicht möglich, kann aber Gegenstand einer weiterführenden Beschäftigung sein.

Damit konnte insgesamt herausgestellt werden, dass Dramaturgie in moderierten Sitzungen sich nicht auf die Beschreibung einer Ablaufdramaturgie verengen muss sondern auch die Kunstfertigkeit der Gestaltung und den Wirkzusammenhang von Lehr-, Lern- und Arbeitssituationen im Zusammenspiel der dramaturgischen Matrix beinhaltet.

Literaturverzeichnis

Aristoteles: Poetik. Philipp Reclam jun. GmbH & Co.: Stuttgart 1994

Burow, Sarah: Grundlagen Coaching und Moderation, Moderation – eine Einführung. In: ZWW Lerneinheit 1.01, o. J.

Cohn, Ruth: Von der Psychoanalyse zur themenzentrierten Interaktion. Klett-Cotta, 2004.

Eick, Dennis: Drehbuchtheorien. UVK Verlagsgesellschaft mbH: Konstanz, 2006.

Erdmüller, Dr. Andreas / Wilhelm, Dr. Thomas: Moderation. Rudolf Haufe Verlag GmbH & Co. KG: Planegg b. München, 2005.

Erber, Sigrun: Eventmarketing – Erlebnisstrategien für Marken. Verlag moderne industrie: Landsberg/Lech, 2000.

Fengler, Jörg: Feedback geben. Beltz Verlag: Weinheim und Basel, 2004.

Geißler, Karlheinz A.: Lernprozesse Steuern. Beltz Verlag: Weinheim und Basel,1999.

Geißler, Karlheinz A.: Anfangssituationen. Beltz Verlag: Weinheim und Basel, 2005a.

Geißler, Karlheinz A.: Schlußsituationen (sic). Beltz Verlag: Weinheim und Basel, 2005b.

Graeßner, Gernot: Moderation, Die Teilnehmenden, Das Thema und seine individuelle Bedeutung. In: ZWW Lerneinheit 3.3.3., o. J.

Grosse, Ulrike: Moderation, Phasen des Prozesses, Anfangsphase. In: ZWW Lerneinheit 3.1.3., o. J.

Hartmann, Martin / Rieger, Michael / Auert, Andreas: Zielgerichtet moderieren. Beltz Verlag: Weinheim, Basel, Berlin, 2003.

Klein, Zamyat M.: Kreative Seminarmethoden. GABAL Verlag GmbH: Offenbach, 2005.

Klebert, Karin / Schrader, Einhard / Straub, Wolfgang G.: Moderations-Methode. Windmühle Verlag GmbH: Hamburg 2006

Knoll; Jörg: Kurs- und Seminarmethoden. Beltz Verlag: Weinheim, Basel, Berlin, 2003.

Langmaack, Barbara: Einführung in die Themenzentrierte Interaktion TZI. Beltz Verlag: Weinheim, Basel: 2001.

Langmaack, Barbara / Braune-Krickau: Wie die Gruppe laufen lernt. Beltz-PVU: Weinheim, 2000.

Lipp, Ulrich / Will, Hermann: Das große Workshop-Buch. Beltz Verlag: Weinheim und Basel, 2004.

Malorny, Christian / Langner, Marc Alexander: Moderationstechniken. Carl Hanser Verlag: München / Wien, 2002.

Menges, Helen: Moderation, Phasen des Prozesses, Transfer. In: ZWW Lerneinheit 3.1.9., o. J.

Naber, Christine: Moderation, Methodik, Kommunikationsgestaltung als Methodik. In: ZWW Lerneinheit 3.4.1., o. J.

Neuland Michèle: Neuland Moderation. managerSeminare Verlags GmbH: Bonn, 2003.

Otto, Julia: Moderation, Methodik, Visualisierung. In: ZWW Lerneinheit 3.4.3., o. J.

Parker, Philip: Die Kreative Matrix. UVK Verlagsgesellschaft mbH: Konstanz, 2005.

Rademacher, Barbara: Moderation, Phasen des Prozesses, Abschlussphase. In: ZWW Lerneinheit 3.1.5., o. J.

Rademacher, Barbara / Grosse, Ulrike: Moderation, Phasen des Prozesses, Arbeitsphase. In: ZWW Lerneinheit 3.1.4., o. J.

Redlich, Alexander: Konfliktmoderation. Windmühle GmbH – Verlag und Vertrieb von Medien: Hamburg, 2004.

Schilling, Gert: Moderation von Gruppen. Gert Schilling Verlag: Berlin, 2005

Seifert, Josef W.: Games. GABAL Verlag GmbH: Offenbach, 2001.

Seifert, Josef W: Moderation. In: Auhagen, Elisabeth/Bierhoff, Hans-Werner (Hrsg.): Angewandte Sozialpsychologie. Beltz Verlag: Weinheim/Basel/Berlin, 2003

Seifert, Josef W.: Visualisieren, Präsentieren, Moderieren. GABAL Verlag GmbH: Offenbach, 2005.

Seifert, Josef W.: Moderation & Kommunikation. GABAL Verlag GmbH: Offenbach, 2006.

Schwabe, Ilka Jasmin: Grundlagen Coaching und Moderation, Der Moderator. In: ZWW Lerneinheit 1.03, o. J.

Tuckman, Bruce: Developmental Sequence in Small Groups. In: Psychological Bulletin, 1965, Volume 63, Number 6, S. 384–399.